ジャーナリストという仕事

斎藤貴男 著

ニア新書 822

目　次

1　ジャーナリストって何だろう？……1
ジャーナリストの基本とは／誰のためのジャーナリズムか／「知」への課税？／「ジャーナリズム」は死語なのか？／ジャーナリズムと権力／六〇年安保闘争における「七社共同宣言」／情報の宿命／情報が氾濫する中で／危機の時代に

2　取材のイロハ――新聞の世界に飛び込んで……29
真っ白い表紙の衝撃／「ニュージャーナリズム」の新しさ／鉄屑屋という家業／「シベリア帰り」の息子だから？／行き当たりばったりの末、新聞記者に／業界紙の記者としてのスタート／何を聞いたらよいか／質問する力とは／特ダネを手がける／

取材対象者との関係性の難しさ／抱き始めた仕事への疑問／何のための記者なのか／記者クラブをどう考えるか／問われるべきものは／「研修日報」より

3 「なんでも取材してやろう」――週刊誌記者の世界へ……73
「取材の幅を広げたい」／週刊誌記者としての新たな一歩／週刊誌記者としての最初の手ごたえ／情報を引き出すために／「詐欺事件」の原点にあったもの／取材相手との関係／東京電力とマスコミ／取材した事実と記事の内容／容疑者家族の訴え／取材し、報道することがもたらす傷／再びの疑問／経済社会と人間のかかわりをテーマに／「自分で人事異動」の成果

4 誰の視点に立つか――フリーであることの意味……109
「二年で辞めなさい」／「梅田事件」をめぐって／善意の市民を「犯人」に／週刊誌に求められる取材方法への違和感／「あの人

目　次

はいま」の取材で／フリージャーナリストに／誰も取材したがらないテーマを／公共事業に消えた「国民の財産」／初めての著書／娘を連れて行った病院で／MMRをめぐるさまざまな矛盾／短すぎる一生／取材し報道することの力／人の暮らし、命を軽視する姿勢

5　価値判断が問われる——留学と『機会不平等』をめぐって……147
フリーで生きていくのに欠けているもの／イギリス留学の成果／多国籍企業の本音／規制緩和の「影」／教育にも「規制緩和」？／「できん者はできんままで結構」／能力は遺伝で決まる？／「平等など大きなお世話」／『機会不平等』の出版／何をもってニュース・バリューとするのか／常に問い続けること

6　岐路に立つジャーナリズム……185
主張するジャーナリストたらん／改めて問うジャーナリストの

役割／「知る権利」の行使こそ使命／「従軍慰安婦」検証報道と朝日バッシング／権力批判は「国益」に反するのか／カン違い記者の横行／ネット言説に引きずられる〝プロ〟／不可解な『朝日新聞』の対応／「吉田調書」取り消しで何がもたらされるのか／調査報道の否定／くさいものにフタをする習性／歴史はくり返されるのか／安倍政権のメディア・コントロールと「公平中立」の罠／権力を利用するのか、権力に利用されるのか／ジャーナリズムを育ててほしい

おわりに …… 227

1

ジャーナリストって何だろう?

安全保障関連法案についての安倍晋三首相の記者会見
(2015年5月).

ジャーナリストの基本とは

わたしはジャーナリストを職業としています。この本では、わたしなりの経験にもとづいて、ジャーナリストの仕事とはどんなものか、なぜ必要か、そしてジャーナリズムとは何なのか、などについてお話ししていきたいと思います。

だからといって、みなさんに「ぜひジャーナリストを目指してもらいたい」と呼びかけたいわけではありません。つらいことも多いし、わたしは好きだけれども、正直を言うと、自信をもって人さまに勧めてよい仕事なのかどうか、よくわからないのです。ただ、この本を通して、みなさんが「こんな見方もできるのか」と考えたり、なにかのヒントをつかんでくれたらうれしく思います。

実は、このような本を出すことにはためらいも感じています。わたしはジャーナリストの代表ではありません。三〇年以上は続けているので、ベテランの部類に入るのは確かなのですが、己の未熟さは自覚していますし、一〇〇年早い、と思うのです。

それでも岩波書店編集部の出版企画をお受けしたのは、ひとつには現在の政治や社会、なによりもジャーナリズムをめぐる状況に強い危機感を抱いているからです。また個人的にも、「思うところあって」としか言いようのない微妙な心理に加えて、いまのうちなら自分なりのささやかな経験と、そのときどきの思いを、若い読者に知ってもらうことができるかもしれないという誘惑に抵抗できませんでした。

ジャーナリストというのは、とてもあいまいな職業です。お医者様や弁護士先生のような国家資格などありません。どこまでも「自称」にすぎず、名刺に印刷して、名乗るだけなら誰にでもできます。もちろん社会的にも認めてもらえないと、雑誌や新聞では使えない肩書きですが。

基本的な仕事は、人に話を聞き、資料を読みこみ、よく考えて、文章をまとめることです。写真や映像による表現を主とする「フォトジャーナリスト」や「映像ジャーナリスト」も興味深いと思いますが、わたしにはよくわからないので、本書には登場しません。また、どこまでも自称ですから、「ルポライター」とか、「ノンフィクション作家」という呼ばれ方を好む人も少なくないようです。

では、ジャーナリストの役割とは何でしょうか。いきなり結論めいた話ですが、わたしは「権力のチェック」が最大にして最低限の機能だと思っています。総理大臣でも政府でも、あるいは大企業でも財界人でもよいのですが、この立場でないとなかなか近づけない強大なパワーを、絶えず見張る仕事。そうした権力というものは、よいこともたくさんしてくれますが、ときに暴走して、普通の人間の暮らしを踏みにじる場合があるからです。とくに悪意などなくても、結果的にそうなってしまう心配も小さくありません。だから、あらかじめ取材をして、知りえた事実を、広く、わかりやすく伝える。警鐘を乱打する。極論すれば、このこと以外にジャーナリストの存在意義はないとさえ、わたしは考えています。

この際、大切なのは、個々のジャーナリスト自身の問題意識です。起こっている現象の表面だけをなぞっていても、そのことにどんな意味があるのかは見えてきません。それまでの取材や勉強の積み重ねでつちかった独自の価値判断基準に従いながら、見聞きした出来事の何がどう問題なのかを明確にして、「だからこそ伝える」という姿勢をもつことが必要になります。

独自の価値判断基準というのは、ひとりよがりとは違います。理想的には、まったく反対の考え方の人にも、「なるほど」と思ってもらえるような、説得力が求められます。実際、単なる思いこみをどんなに書いてみたって、誰も相手にしてくれるわけがない。自分の思いを読者に理解してもらうためには、何よりも、事実。事実を徹底的に取材しなければなりません。

わたし自身にそれができているかと問われると、かなり困ってしまいます。ただ、常に心がけ、こだわってはいるつもりです。そうしていれば、いつの日か、本物の実力が身に付くはずだ、と信じて——。

誰のためのジャーナリズムか

先ほど、わたしは、政治や社会、ジャーナリズムをめぐる状況に危機感を抱いていると述べました。ジャーナリストの基本たるべき「権力のチェック機能」という役割が、このところ、はなはだ心もとないのです。「権力のチェック」どころか、むしろ権力の暴走に加担し、人々を彼らに都合よく誘導していく宣伝マン役を買って出てしまってさえいるのではないか。

たとえば、次のような記事がありました。すでに法制化されていた消費税増税が正式に閣議決定される少し前の、二〇一三年九月八日付の新聞記事です。

消費増税はつけ回しを減らす第一歩だ。安倍政権の経済閣僚たちもそれがわかっているから予定通りの実施を主張している。幸い経済指標も悪くない。かつてないほど増税環境は整っている。問題は首相が決断していないことだ。(中略)この夏、小泉進次郎衆院議員(三二)が全国から集まった中学生七〇人に少し変わった質問をする場面に遭遇した。福島県会津若松市と民間団体が催した「未来人材育成塾」での小泉氏の授業でのことだ。
「君の手の爪か、足の爪、どちらかをこれからペンチではぐ。どちらをはぐかは君が選べる。さあ、どうする？」
生徒たちは戸惑いつつも必死で考えた。どちらを選んでも大きな痛みがある。でも、どちらか選ばねばならない。（中略）
中学生にはやや生々しすぎる設問かと思えた。だが「そういう苦渋の選択を国民に受け入れてもらえるよう説得する。それが政治の役割」と訴える若き政治家の言葉を、生徒たちは「印象的だった」と好意的に受け止めた。（『朝日新聞』二〇一三年九月八日付）

この記事を、みなさんはどう読みましたか？　小泉議員のたとえ話を「なるほど」と受けとめた人もいるでしょう。確かに、国民に聞き心地のよいことばかり言うのが、政治家の役割ではありません。税金もそうですし、国民が「負担」を分かち合わなければ、国の運営は成立しないのも現実です。しかし、もう少し別の視点で、小泉議員の発言やこの記事を考えてみることはできないでしょうか。

日本政府が深刻な財政赤字を抱えているのは間違いないようです。財務省によると、普通国債の残高が二〇一五年度末で八〇七兆円程度にのぼる見込みだとか。対ＧＤＰ（国内総生産）比では二〇〇％を超え、国民一人当たり八〇〇万円の借金を抱えている計算になるとも強調されています。

国難なのだから「爪をはぐような痛み」を伴っても増税が必要で、それは待ったなしだ、というのが、小泉議員の趣旨ですね。この発言に、記事は深い賛意を示しています。早く消費税率を引き上げるべきだ、というわけです。

しかし、この記事には、肝心な視点がすっぽりと抜け落ちています。

まず、そもそも、なぜこんなに財政赤字が増大してしまったのか。赤字が増大したのは、要するに税収よりも財政支出の方が大きいためです。日本はこれまで、公共事業に多大な支出をしてきました。上下水道を整えたり、道路をつくったり。いくらお金がかかっても、必要なインフラ（インフラストラクチュア＝社会資本）は整備しなければなりませんが、一九九〇年代あたりになると、無駄遣いが目に余るようになっていきます。同時に、経済の低迷によって、かつてのような税収が見込めなくなりました。

日本の財政赤字を論じるときに、しばしば「社会保障への支出が大きすぎるせいだ」という説明がなされます。「生活保護を不正に受給している人がたくさんいる」といった、テレビのワイドショーなどでしばしば聞かれる主張も、そこから派生した論法ですね。でも実は、日本の社会保障費は先進国では最低レベルでしかありません。

税収が減り、インフラの整備もかなり進んでいるのに、公共事業への支出が増え続けたのはなぜなのか。政治家や官僚、大手ゼネコン(総合建設会社)のもたれ合い構造のなかで、「利権」を享受してきた人たちの存在があげられます。つまり財政赤字の責任は、彼らにこそ大いにあるのです。その責任が問われないなら、利権構造は温存され、同じ問題が何度でもくり返されることになるでしょう。

この国では大企業だけが優遇されすぎています。財政赤字だからと消費税増税を進める政府は、その一方で、企業が納める法人税を徹底的に減税してきました。企業の儲《もう》けを膨《ふく》らませれば新しい雇用が生まれ、一般の生活も安定するという理屈のようです。経済学の分野でいう「トリクルダウン・エフェクト(trickle-down effect)」の仮説で、大企業やそれに連なる富裕層をもっと潤わせれば、下々《しもじも》の人間にもオコボレがぽたぽた垂れる効果があるはずだ、という考え方なのですね。

ですが、経済とはそれほど単純なものではありません。雇用が多少は増えたとしても、いまどきは所得の少ない派遣労働ばかりなので、大企業減税の財源をまかなうことになる高税率の消費税によって生活者ひとりひとりが強いられる負担はますますきつくなる、といったメカニズムも働きます。近年はトリクルダウン・エフェクトなど理論的にも成立しないとする学説が強まっていますし、そもそもわたしにはこうした、富裕層でない人間を小バカにした発想そのものが許せないのです。

「財政危機」を叫びながら、どうして一般市民ばかりが「爪をはぐ」痛みを選択させられなければならないのでしょうか。第一、総理大臣だった父親の地盤を継いだ世襲の政治家(小泉進次郎氏は小泉純一郎元首相の次男)が他人の子どもたちに言い聞かせるなど、本末転倒もいいところです。

というわけで、財政危機の背景や要因を無視して、市民にのみ痛みを強いる無責任な政治姿勢を歓迎し、国民の代表面《づら》をして、「みんなの爪をはいでやれ」とでも言いたげな、この記事には感心できません(消費税の問題に関心を持たれた読者は、拙著『ちゃんとわかる消費税(14歳の世渡り術)』(河出書房新社、二〇一四年)もぜひ読んでみてください。「消費増税」という言い方自体が、この税制の本質をおおい隠す狙いを帯びた、あやまったネーミングであり、本当は「消費税増税」と言わなければならないことなども書いてあります)。

これはあくまで一例にすぎませんが、このような記事、報道を見かけることが、最近はすごく多くなりました。己が「権力のチェック機能」であることを忘れているとしか思えないジャーナリストが、増えすぎてしまっているようなのです。

「知」への課税？

もうひとつ、消費税と新聞をめぐっては、こんな問題もあります。消費税が増税されると、当然、新聞の購読料金も値上げを余儀なくされる理屈です。「そんなに高くなるんなら、もういらない。ネットニュースだけで十分だ」という人が増えるのは間違いないので、ただでさえ購読者数の減少に悩んでいる新聞社にとっては、ますます痛手です。

そこで自民党政権に、新聞の購読料にも軽減税率を適用してくれるよう求めているのが日本新聞協会です。全国の新聞社や通信社、放送局で構成する業界団体で、現在は原則すべての商品やサービスに一律八%が課せられている消費税率を、いずれまた引き上げる際、新聞については税率を低く抑えてほしいという主張です。

なぜなら新聞は一般の消費財とは違う、新聞の購読料は国民が知識を得るために必要な対価なのだから、できるだけ低くしておくべきだ、というのが根拠ですね。新聞の購読料があまりに高くなると、とりわけ低所得者層が新聞を購読できなくなる。それでは知識を得るための格差が生じてしまうし、日本全体の国力の弱体化にも通じかねないぞ、というのです。

理屈はわかります。実際、日本の消費税によく似た付加価値税をもつ多くの先進国が、ほぼ同様の考え方で、新聞や出版物などには軽減税率を適用していると伝えられます。わたしもいまは新聞記者ではありませんが、同じ活字の世界で食べているのですから、売れなくなった新聞社がばたばた倒産していくようでは困ります。

しかし実のところ、日本とほかの先進諸国とでは、事情がかなり異なっています。先進諸国の新聞に軽減税率が適用されているのは、社会の側、市民の側の要請によってなのです。

イギリスでは、一九八〇年代にマーガレット・サッチャー首相が、それまで課税対象外だった新聞にも一五％の付加価値税を導入しようとしました。すると市民の側から「知識への課税に反対」というキャッチコピーのもと大きな反対運動が起こり、サッチャー首相もその声を受け容れて、新聞への付加価値税導入を撤回したのです。

「知識への課税」という表現は、イギリスでは一七〇〇年代にまでさかのぼります。当時のイギリスには「特許検閲法」という法律があり、新聞は特許権をもった媒体にだけしか発行が認められず、その報道内容についても政府に検閲されていました。やがて一六八〇年代以降の市民革命の過程で撤廃されることになったのですが、政府は新聞が自由に発行されることに危機感を覚え、一七一二年、印紙税という税制を創設し、新聞に新しい税金をかけたのです。これでは「知識への課税」ではないか、というスローガンを掲げた市民の反対運動が奏功し、印紙税が撤廃されたのは、それから一世紀以上を経た一八五五年のことでした(門奈直樹『ジャーナリズムは再生できるか　激変する英国メディア』岩波現代全書、二〇一四年、参照)。

イギリス市民の「知識への課税」に対する抵抗には、このように数世紀にわたる歴史の積み重ねがあります。彼らには、新聞が権力に対する市民の「言論の自由」を実現するための不可欠な手段であり、公共性を形成するためには新聞はなくてはならないものである、という認識が広く共有されているのです。

日本ではどうでしょう。新聞は市民の信頼を勝ち得ているでしょうか。市民の側から、軽減税率の適用を求める声が起きていますか。実態はといえば、新聞業界の側が商売のためだけに、権力者に特別扱いをお願い、オネダリしている、というだけの話ではないのでしょうか。

財政再建のためなのだから消費税を増税すべきだ、国民はそのことを理解して、「自らの爪をはぐ痛み」にも耐えなさい――。人さまにはそのように主張しておいて、自分たちだけには「軽減税率を」というのでは、あまりに身勝手ではないでしょうか。

そして何よりも問題なのは、市民が理解してくれる前に、新聞業界が自らへの軽減税率の適用を政府に「お願い」してしまえば、国に「弱み」を握られてしまうということです。ごく普通の常識で考えてみてください。オネダリされた側は、そのオネダリに応える場合、オネダリしてきた側に、見返りを求めるものではないでしょうか。

そんなことになったら、「権力のチェック機能」だなんて、夢のまた夢です。逆に「権力のタイコモチ機能」になり果てかねません。残念なことに、日本の新聞の現状を見ていると、こんな意地悪な見方が、あながち的外れでもないとしか思えないのです。

政府にオネダリするのではなく、まず第一に新聞が自らの役割を十分にやりのけること。そうして着実に市民の信頼を得ていくことからしか、消費税の猛威に対抗する道はないのだと、わたしは考えます。

「ジャーナリズム」は死語なのか？

最近は「ジャーナリスト」とか「ジャーナリズム」といった言葉が、あまり使われなくなってきているような気がします。「そんなことを言うのは気恥ずかしい」というような雰囲気が感じられたりすることもあります。

代わりに多用されるのが、「メディア」でしょうか。メディア(media)とは英語で「媒体」

という意味です。もともと「中間」を表す medium の複数形であることが示しているように、あくまでもニュートラルな用語なのですね。

つまり、わたしがここまで述べてきたような、価値判断とか権力のチェック機能などといった意味合いは含まれていません。主義や主張を意味する「イズム(ism)」が語尾に付いている「ジャーナリズム(journalism)」が、情報を発信する者の価値判断を打ち出すという意識を伝えているのと対照的です。

わたしの印象では、メディアという言葉を好んで使ってきたのは広告代理店です。証拠を示せと言われても、実証的な研究が見当たらないので無理なのですが、あえて単純な見方を許してもらえば、クライアントの商品を多く売りたい、そこで消費者により効果的に告知をするには、どのメディアにどういうコマーシャルを流したらよいのか、と発想するのが広告代理店です。「権力のチェック機能」とは関係ありません。

「メディア」はニュートラルな用語であるだけに、「ジャーナリズム」の舞台にもなる一方で、お金に直結する「コマーシャリズム(commercialism)」の色に染まりやすい、とも言えるのではないでしょうか。「ジャーナリズム」という言葉が「メディア」という言葉に置き変わられるようになってきたのは、先ほど述べたような、ジャーナリズムの「権力をチェックする」役割が低下してきていることとも通底しているように思えます。

ジャーナリズムと権力

もっとも、ジャーナリズムにおける「権力のチェック機能」の低下は、いまにはじまったことではありません。歴史を振りかえれば、マスメディア企業がジャーナリズムの責任を放棄してしまう局面は珍しくもなかった。権力のチェック機能でいることはとても難しいけれど、権力になびくのはたやすく、また商売にもなりやすいからでしょう。

日本が軍国主義に向かって突き進んでいた時代、新聞は当初、軍部の独走に警戒感を示していたそうです。しかし次第に好戦的になっていき、やがて何のことはない、国民を戦場に駆り立てる役割を買って出るようになってしまいました。

もちろん政府による厳しい思想統制や言論弾圧もあります。ですが、そんなこと以上に大きかったのは、新聞社自身の権力へのおもねりであり、戦争の興奮にわき立つ世論への迎合です。早い話が、戦争に反対したり慎重論を唱えたりすると売れないから、売れるような紙面に変えていったということです。時流に乗って、戦争をあおっていれば、自分たちの組織を守ることができると思いこんでしまったのです。

具体的な転機は、一九一八（大正七）年に、大阪朝日新聞社を舞台に発生した「白虹《はっこう》事件」だったといいます。詳しくは第6章にゆずります。

六〇年安保闘争における「七社共同宣言」

自らの過去と真剣に向き合い、深く反省したうえで、戦後のジャーナリズムは新しい歴史を築いてこなければならなかった、はずです。終戦から日が浅い時代は、誰もがそのつもりだったと思います。しかし——。

一九五一年に締結された「日米安全保障条約」は、日本における米軍の駐留を受け容れた二国間条約です。前提になったのは日本とアメリカをはじめとする連合国諸国の間で結ばれた「サンフランシスコ講和条約」でしたが、そこでは日本の主権回復が認められはしたものの、現在の沖縄県（琉球諸島、大東諸島など）と奄美《あまみ》群島、小笠原《おがさわら》諸島は切り離され、なおアメリカの支配下に置かれることになりました。

一九四九年の中華人民共和国の成立、五〇年に勃発した朝鮮戦争などを受けて、日本はアメリカの求めに応じ、「警察予備隊」を発足させ、「保安隊」、「自衛隊」へと組織改編を重ねながら、その増強を進めていきました。これでは旧軍の復活だ、またしても戦前のような軍国主義に戻ってしまうのではないか、という危機意識が社会全体に高まっていきます。そして一九六〇年一月に日米安保条約の改定案が調印されて、日米の軍事的なつながりのよりいっそうの強化が明確に打ち出され、五月になって日本の衆議院本会議で強行採決されると、市民たちの反対運動はピークを迎えました。毎日のように全国で安保改定阻止のストライキが行われ、一〇万人以上の人びとが国会周辺でデモを繰り広げるなど、日本社会全体が騒然となりました。当時の岸信介政権は警官隊だけでなく、右翼団体や暴力団まで動員して、これを制圧しようとしました。

多くのジャーナリストが同様の危機感を共有していました。ですからデモに共感する立場の報道も少なくなかったようですが、六月一五日、デモに参加していた学生の樺《かんば》美智子さんが国会での警官隊との衝突で死亡する事件が起きたことを契機に、新聞やテレビの「安保反対」の論調は後退していきます。二日後の一七日には、朝日新聞、毎日新聞、読売新聞、産経新聞、日本経済新聞、東京新聞、東京タイムズの七社による「七社共同宣言」が発表されました。各紙に「社告（会社としての立場表明）」扱いで掲載された内容は以下のとおりです。

六月一五日夜の国会内外における流血事件は、その事のよってきたる所以を別として、議会主義を危機に陥れる痛恨事であった。われわれは、日本の将来にたいして、今日ほど、深い憂慮をもつことはない。(中略)何よりも当面の重大責任をもつ政府が早急に全力を傾けて事態の収拾の実をあげるべきことは言うをまたない。(中略)同時にまた、目下の混乱せる事態の一半の原因が国会機能の停止にあることに思い致し、社会、民社の両党においても、この際、これまでの争点をしばらく投げ捨て、率先して国会に帰り、その正常化による事態の収拾に協力することは、国民の望むところと信ずる。(以下略)

つまり、「安保闘争はほどほどにして議会制民主主義を守りましょう」と言えば聞こえはよいのですが、要は「騒がずに国会に任せなさい」と説教したわけです。これを見た岸首相の実弟でのちに首相となった佐藤栄作大蔵大臣(当時)が、「これで新聞もこっちのもの」と語り、これものちに首相になる中曽根康弘科学技術庁長官は、記者会見で「あれは自民党へのワビ状かネ」と笑ったということです(茶本繁正「七社共同宣言――新聞が死んだ日」『現代の眼』一九八三年二月号など参照)。

暴力を否定するのは当然です。しかし、どんな強権政治が行われようと、最優先されるべきは社会の安寧《あんねい》秩序であるというのでは、まるで為政《いせい》者の視点そのものでした。

改定安保条約は参議院の議決がないまま自然成立に至りました。岸内閣は混乱の責任をとる形で総辞職に追いこまれ、安保闘争はそれを機に終息していきます。ちなみに現在の安倍晋三首相は、ここに登場する岸首相のお孫さんです。

情報の宿命

ジャーナリズムの歴史は悲しいことに、権力に飲み込まれ、そこに屈してしまうことばかりをくりかえしてきたと言っても過言ではないでしょう。

「権力をチェックすることがジャーナリズムの基本」だとわたしは強調していますが、「権力は常に悪だ」などと決めつけたいのではありません。初めのほうで述べたとおりで、彼らはよいこともしてくれます。ジャーナリズムはそれでも、絶えず権力をチェックしていなければならないのです。

このことは、「情報とは何か？」ということを考えてみれば、わかると思います。どんな情報にも発信する側と、受信する側が存在し、あらゆる情報には発信する側の立場や視点が反映されます。自分たちのことをよく見せたい、みんなに自分たちの言うことが正しいと信じてもらおう——と。

あからさまな宣伝や、世論を操作する目的で情報が発信される場合だけに限りません。一見ニュートラルで単純な情報(「今日、雨が降りました」などというような)であっても、なぜその出来事をとり上げるのか、なぜその出来事をわざわざ人に知らせようとするのか、といった出発点の時点で、すでに情報を発信する側の立場や姿勢、何らかの意図が含まれることになるのです。

政府をはじめとする公的機関による情報発信でも同じです。自らの組織の不祥事をやむなく公表するときだって、「事実を積極的に明るみに出して、マイナスイメージを最低限に食いとめたい」という思惑があるわけです。そんなのはけしからん、と言いたいのではありません。情報というものの、これは宿命なのです。

公的機関は一般市民では知りえない大量の情報を握っています。その真贋《しんがん》を外から見極めることは並たいていのことではありません。ましてや公的機関が発信する情報は、わたしたちの社会に大きな影響力をもちます。

安倍首相は現職に就いた二〇一二年の暮れ以来、ずっと「わが国の安全保障をめぐる環境は悪化している」という発言を重ねてきました。これと連動するかのように、中国や北朝鮮の脅威をあおる人びとが次々に現れて、いつの間にか日本社会の全体に、「だから日米同盟の深化が必要だ」「なめられないために軍備を増強しよう」「憲法を改正しなければ」といった雰囲気が広がっていったのは、記憶に新しいところです。

だけど、よくよく考えてみると、安倍首相が強調したがる話が事実である証拠は、あるようでありません。まがりなりにも総理大臣が、その肩書きで言うのですから、まるっきりの嘘だとは考えたくもないのですが、実際、それはどの程度のものだったのか。日米同盟をうんぬんする理由は、なにも日本国民の生命、財産を守るためだけではないのではないか。むしろ、日本の首相があの手の発言をのべつくりかえすものだから、相手のほうも対抗しているうち、お互い引っこみがつかなくなって、軍拡競争みたいになってしまった、という側面はなかったでしょうか。

そういったことが、本当は、常にチェックされていなければならないのです。それがジャーナリズムの最大の仕事です。わたしはわたしなりに微力を尽くしているつもりですが、まだまだ力不足です。なかなか及ばない。でも諦めません。これからの日々でより精進し、さまざまな取材や調査を継続して、ジャーナリストという職業にこだわり、追及していきたいと思います。

情報が氾濫する中で

ジャーナリズムのあり方を考える場合、それをとりまくメディア環境の変容を無視するわけにはいきません。

不特定多数に向けて情報を発信する手段としてのマスメディアは、かつて、新聞やテレビ、ラジオ、雑誌、書籍などに、ほぼ限られていました。しかし、いまではインターネットの存在感がとてつもなく大きくなっています。これを使えば、誰もがかんたんに、情報を世界中に発信することができるのです。一昔前とは比べものにならない、大量で多様な情報が、わたしたちの周りにあふれています。

これはすばらしいことであるはずです。マスメディアを経由させなければ、つまり新聞やテレビの関係者にアクセスできる立場の人や組織でなければ、情報や意見を公にするのも容易でなかった理不尽が、遠い過去のことになったのですから。情報の受け手にとっても、従来のマスメディアだけでは見落とされがちな情報や意見にも触れることで、自分自身を豊かにすることもできるでしょう。

とはいえ当然のことながら、ネット上にあるのは、社会的に有益な情報ばかりではありません。悪質なデマや嘘、誹謗中傷《ひぼうちゅうしょう》、根拠のない思いこみが拡散されて、傷つく人が現れたり、世の中全体が左右されるような状況も起こっています。情報は発信する側に都合のよいものになりやすい、と先ほど述べましたが、同時に、人は自分に都合のよい情報、そうあってほしいと思う情報を受け取りたがるものだということも、わたしたちは忘れてはならないのです。

誰もが情報を受け発信できる時代には、職業ジャーナリストの存在意義は薄らいでいるように見えます。しかしわたしは、それは逆ではないかと考えます。

情報が氾濫《はんらん》している時代だからこそ、いままでにも増して、いいかげんな発信にまどわされない、プロフェッショナルの、しっかりした仕事が必要です。正確な取材力によってつかみ取られた本物の情報や、経験に裏付けられた視点に基づく分析が。

ところが、現実のジャーナリズムの機能は、年を追うごとに怪しくなってきている気がしてなりません。かえって市民のブログやツイッターのほうに、真実に近いように思われる情報や視点を発見できたりもします。権力へのへつらいが目立つ新聞やテレビなどよりもはるかに、権力のチェック機能をはたしているのではないかと感じられるときさえあるのですから、困ったものです。

危機の時代に

いま、日本社会は大きな岐路に立っています。日本は第二次世界大戦での敗戦を経て、戦争の放棄を定めた日本国憲法のもと、他国の人々に武力を行使することはしてきませんでした。しかし、二〇一二年一二月に誕生した第二次安倍政権は、先人たちが懸命に守ってきた憲法の改正を悲願とし、「積極的平和主義」なる美名をかかげて、「平和」という言葉の意味そのものを変質させてしまいつつあります。

二〇一五年九月一九日未明、いわゆる安全保障関連法制が、参議院本会議で自民・公明両党などの賛成多数で可決・成立しました。法案を審議した参院特別委員会での採決は、議場が騒然とするなかで委員長の発言が聴き取れず、議事録にも残せなかったので、採決自体が無効だとする指摘も根強いのですが、その後の現実政治は、これを有効と見なして動いてきています。

ここでいう安全保障法制とは、正確には「我が国及び国際社会の平和及び安全の確保に資するための自衛隊法等の一部を改正する法律」(平和安全法制整備法)と、「国際平和共同対処事態に際して我が国が実施する諸外国の軍隊等に対する協力支援活動等に関する法律」(国際平和支援法)という、二本の法律の総称です。前者の内容は自衛隊法や周辺事態法、国連ＰＫＯ協力法などの改正による自衛隊の役割の拡大と、「存立危機事態」への対処に関する法制の整備。後者は「国際平和共同対処事態」における協力支援活動等に関する制度を定めることを内容としています。論じる人の立場によって正反対の表現がなされることのある法律で、政府はこうして「平和安全」や「平和支援」をうたっていますが、こんなものは「戦争法制」だと反発している人も少なくありません。

なぜでしょう。

それは、前年の二〇一四年七月に閣議決定された、集団的自衛権の行使を容認する憲法解釈にもとづいた法制だからです。集団的自衛権とは、日本が攻撃を受けていなくても、日本と関係の深い国が攻撃されたなら、日本もその国と一緒に武力を行使してもかまわない、という考え方のことですね。

戦後二年目の一九四七年五月三日に制定された日本国憲法第九条で戦力の保持を禁じてきた日本は、しかし、「自衛のための必要最小限の武力」をもつことはできるという解釈を重ねました。かくて防衛費(軍事費)は諸外国のなかでも上位にランクされるまでにふくらみ、一九九〇年代以降は自衛隊の海外派遣や、米軍の後方支援のような任務にもあたってきたのです。すでに、かぎりなく普通の軍隊に近づいていたのです。

そこに、これまでは認められてこなかった集団的自衛権の行使が可能になり、そのための法整備がなされた。すると、どうなるか。拡大・深化が急がれている日米軍事同盟(日米安全保障条約体制)にしたがい、たとえば米軍の戦争に自衛隊がかり出され、一体化して、彼らとともに、日本とは直接の対立関係がない彼らの敵を相手に、後方支援ならぬ直接の戦闘行為を展開しなければならなくなるかもしれなくなったのです。

日本列島で暮らす日本国民の生命や財産を守るだけなら、そのような局面はあり得ません。万が一、他国から攻撃される事態になったとしても、従来も認められてきた個別的自衛権の行使で対応できます。米軍の戦争への参戦に道を開く法制が、それでも「平和安全法制」と名づけられているのは、「平和」の意味が、いつの間にか変更されてしまったためではないでしょうか。

わたしたちはふつう、「平和」を、「戦争のない状態」とか、「紛争が起こりかけても、話し合いで解決できる状態」と考えます。ところが、集団的自衛権の行使を容認する憲法解釈においては、「平和」はまさしく「積極的に」創りだすもの。つまり、地球のどこであろうと、米軍が好ましくないと受け止めている状況があれば、武力をもってしてもこれを打倒し、改めさせていくべき方向――彼らにとって好ましい状態――を指していると考えて、間違いないと思われます。とすればその武力行使もまた、「戦争」ではなく「平和のための活動」だという位置づけにされかねないわけです。

憲法九条は形骸化しました。この問題をくわしく論じはじめたら、それだけで本がうまってしまいますので、これ以上は言及しません。ほかの文献や資料で調べるか、まだ解釈改憲が閣議決定される前の出版物ではありますが、ここに至る流れを予見して書いた拙著『戦争のできる国へ　安倍政権の正体』（朝日新書、二〇一四年）あたりを参考にしてもらうとよいかと思います。いずれにせよ、この問題を取材すればするほど、この本を読んでくれている若い人たちが、近い将来、米軍の戦争にかり出されたり、相手の報復などの犠牲にさせられる可能性を、わたしは否定できないのです。

これほど重大な岐路にあって、では、「権力のチェック機能」たるべきジャーナリズムは、その役割をはたしているでしょうか。にわかには答えられません。懸命に努力しているジャーナリストたちを、わたしはたくさん知っていますが、総体としては危ういかぎりです。むしろ最近は、完全なタイコモチになりさがった新聞やテレビ、雑誌のほうが目立つくらい。

それで、よいのでしょうか。いいえ、よいはずがありません――。

わたしはジャーナリストの代表どころか、その本流からはかけ離れてしまいつつある人間です。でも、いえ、だからこそかえってと言うべきなのか、このようなジャーナリズムをめぐる現状に危機感を感じざるを得ません。だからいま、わたしなりに、もういちど、ジャーナリストという職業について、みなさんと一緒に考えてみたいと思うのです。

2

取材のイロハ

―新聞の世界に飛び込んで―

著者が書いた『日本工業新聞』記事の抜粋.

真っ白い表紙の衝撃

前章では、「ジャーナリストとは何か?」などと、われながら、ずいぶんと大上段にかまえたもの言いをしましたが、実はわたし自身、はじめから「何が何でもジャーナリストになってやろう」と考えていたわけではないのです。小、中、高と、作文をほめられたことなど一度もありません。志《こころざし》もなにもなく、ただ単に何となく、自分のできそうな仕事のなかでは一番カッコよさそうだなんて、およそくだらないというか、恥ずかしい思いつきがすべてでした、と言ってもよいほどです。

もともと新聞を読むのが好きなほうではあります。子どものころから、あちこちで起こる事件や、海の向こうの遠い国の暮らしの様子など、自分のすごしている日常とは、まったく別の世界が書かれた記事を読んでは、想像をめぐらせることに楽しみを覚えたりしたものでした。

ジャーナリストという職業に多少とも意識をもつようになったのは、高校生から大学生にかけてのころです。あるとき、駅の売店で雑誌の『週刊文春』をみかけて、驚かされました。週刊誌の表紙は美人女優のポートレートというのが定番だった時代。『週刊文春』も例外ではなかったのですが、その時の号（一九七七年五月五日号）の表紙は真っ白だったのです（写真）。

これはあとから知ったのですが、真っ白な表紙の号をつくったのは、編集長に就任したばかりの田中健五《けんご》さんでした。のちに株式会社文藝春秋（以下、文藝春秋社）の社長、会長などを歴任することになる方です。田中新編集長は他誌とは違う独自の個性を打ち出したいと、著名なイラストレーターである和田誠さんのイラストに切り換えると決定。真っ白い表紙に「来週から表紙が変わります。」と大きく掲げ、誌面の大幅なリニューアルもアピールしたのでした。

それ以前から田中さんは、月刊『文藝春秋』の編集長として、ジャーナリスト・立花隆《たちばなたかし》さんの筆による「田中角栄研究——その金脈と人脈」（一九七四年一一月号）という大スクープを企画・掲載したことで世間に注目されていました。当時の田中角栄首相は、尋常小学校を卒業しただけの学歴で総理大臣にまで上り詰めた経歴や、親しみやすい人柄で、「今太閤《いまたいこう》」の異名をとる、非常に人気があった政治家です。その田中首相の「政治と金」にまつわるスキャンダルを暴いた記事は大きな反響を集め、これをきっかけに、田中首相は退陣へと追

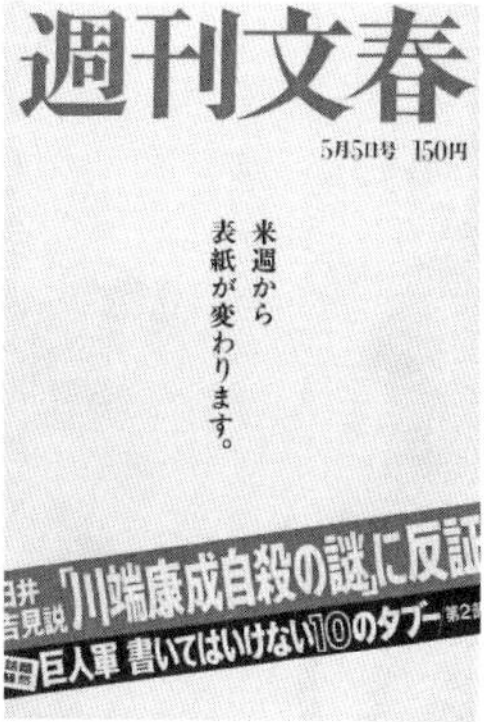

『週刊文春』1977年5月5日号の表紙.

い込まれることとなります。最高権力者の不正やスキャンダルを追及し、世に知らしめた「田中角栄研究」の功績は、日本のジャーナリズム史を語る上で、欠かせない出来事だと言えるでしょう。その立役者だった田中健五さんが、こんどは『週刊文春』を大刷新するというのですから、社会的にも注目されるニュースになりました。白い表紙に驚いたのは、わたしだけではなかったのです。

「ニュージャーナリズム」の新しさ

田中編集長の率いる『週刊文春』は、「ニュージャーナリズム」という新しい手法を取り入れました。一九六〇年代後半のアメリカで成立したといわれる表現スタイルで、悪く言えば出来事の単純な紹介や羅列に陥りがちな従来型のジャーナリズムに対して、その出来事に至る経緯や関係者の心理などを詳細に描き出し、また必ずしも客観性や中立性にこだわらず、書き手の考え方や個性を強調することをためらわない手法です。臨場感にあふれた読み物としての叙述も特徴です。

これは実に画期的なことでした。週刊誌の記事というのは無署名が普通でしたし、テレビや新聞ほどではないにしろ、それなりの速報性も必要ですから、あまり時間をかけた取材や、個性的な表現は、案外やりにくいものなのです。ページ数の制約もあります。それ以上のものを求める読者は週刊誌ではなく、月刊誌や単行本を手に取るだろう、という発想が、編集側の共通認識でもありました。

ところが『週刊文春』は、そうした、いわば業界の常識を打ち破ったのです。先の「田中金脈」の立花隆さんや、柳田邦男さん、上前《うえまえ》淳一郎さん、上之郷《かみのごう》利昭さん、美里泰伸《みさとやすのぶ》さんといった優れたフリージャーナリストたちに場を与え、多くのページを割き、存分に腕を振るわせました。彼らがさまざまな事件を独自の視点で掘り下げる仕事の多くは、単なる「記事」というより、「作品」と呼んだほうがふさわしいものでした。

真っ白な表紙に衝撃を受けて『週刊文春』を手にとるようになり、そこに展開される「ニュージャーナリズム」のおもしろさに、大学生だったわたしは心ひかれていきます。感銘した作品がたくさんあったので、どれがどうだったとはここでは触れませんが、自分もいつかはと、そんな漠然とした思いを抱くようになったことだけは確かです。

興味深いことに、ニュージャーナリズムの担い手たちの多くは、新聞社やテレビ局などの記者ＯＢでした。素人がいきなり物書きになるのが困難なのはわたしにも見当がつきますし、一度はそうした職場でジャーナリストとしての修業を積んでから独立したほうが基本もしっかり身に付くし、あるべきコースなのかなあと感じたものです。ニュージャーナリズムに憧れつつも、いざマスコミの世界に飛び込もうと決心したとき、先々はどうあれ、まずは新聞記者をと考えたのは、そんな経緯があったからなのかもしれません。

鉄屑屋という家業

もっとも、大学二年生までのわたしには、別の思いもありました。自分は家業を継ぐべきだという考えです。

わたしの父は零細な鉄屑《てつくず》商を営んでいました。町工場などから鉄屑(スクラップ)を回収して、電気炉のある製鋼所に売る仕事です。銅やアルミニウム、真鍮《しんちゅう》といった非鉄金属も扱います。

その家に生まれ育ったわたしは、幼いころから「俺のあとを継げ」と言い聞かされていましたし、自分でもそのつもりでいました。大学で商学部を選んだのも、よりよい商人になろうと考えてのことです。

とはいえ内心は複雑でした。すでに日本経済は二度にわたるオイルショックを経験し、鉄屑業は斜陽になりつつありました。仕事の社会的意義もやりがいも、汗まみれで働く肉体労働のすばらしさも十分に理解できるのですが、まだ二〇歳そこそこで、一生を町の鉄屑屋のおやじで送るのだと決めてしまうことに踏ん切りをつけられない、いや、つけたくないというのが、当時の正直な気持ちです。もっと広い世界で自分自身の可能性を試してみたいと思いました。

でも、父の期待を裏切るのは嫌だった。太平洋戦争に召集されて旧満州（現在の中国東北部）で軍務に着いた父が、戦後は極寒のシベリアに抑留され、一〇年以上も強制労働に従事させられていた過去の持ち主であることを知っていたから。戦死された方々や、空襲で殺された方々、逆に日本軍の手にかけられた方々に比べたらはるかに幸運だったわけですが、なにしろシベリアは、日本人抑留者約五七万五〇〇〇人のうち約五万五〇〇〇人が命を失ったとされる（厚生労働省による推計）ほどの生き地獄です。

戦争が終わって一一年目の一九五六年末にようやく帰国し、先代からの家業を再開した父。その二年後（一九五八年）に授かった息子に将来はバトンを渡すのが父の夢だというのなら、それに従うのが自分の務めではないのかという思いが、片時も頭を離れませんでした。

若い人には、「なんて贅沢《ぜいたく》な奴だ」と叱られてしまいそうな気もします。近年の、とにかく仕事と名のつくものにありつけたらそれだけでラッキー、という時代に比べたら、継ぐことのできる家業があったのですものね。ただ、あくまでも当時のわたしはそのような思いでいた、という話です。

「シベリア帰り」の息子だから？

自分は家業を継ぐべきだと思う。だが本当に、一生を鉄屑屋に捧げる覚悟はあるのか？迷いながらも目の前の楽しみだけを追い、結論を先送りにしていく生活は、しかし、長くは続きませんでした。大学二年生のときに、父が急死してしまったのです。それまで父の手伝い程度はしていても、仕事についてきちんと学んだこともないのでは、後継者になどなりようがありません。苦労した父を喜ばせるために、という意味も失せました。

大学四年生になると、就職活動がはじまります。初めは一般企業のサラリーマンをめざしました。憧れのニュージャーナリズムの旗手たちのように、「まず新聞記者に」という思いも交錯しましたが、生活の手段としての定職を早めに見つけるほうが先決です。当時のマスコミ企業の入社試験は一一月に実施されるのが通例でしたので、一〇月中には大方の合否が決まる一般企業の内定をあらかじめ取っておかないと、いざマスコミの試験に失敗した場合、どこにも行き場がなくなるという、物理的な事情もありました。

そんな時、ある大手メーカーに勤めていた先輩が「うちを受けてみないか」と声をかけてくれました。二年ほど前に経済地理学のレポートを書くのに訪れて、親切に対応してくれた方です。古い歴史と伝統を誇る企業で、もしも入社できるのなら、就職先としては申し分ありません。セラミックスやアルミニウムなども扱う素材産業で、家業だった鉄屑屋との縁もなくはないしなあ、とも考えたものです。

わたしは先輩の誘いに乗ることにしました。数度におよぶ面接も順調に進み、夏ごろには内々定の示唆もいただきます。わたしはこの企業に勤める意思を固め、マスコミはもういいや、と一息つきました。

ところが、しばらくすると、その会社からの連絡が途絶えてしまうのです。わたしは不安になって、例の先輩に電話をかけました。考えたくもないことでしたが、内々定の取り消しということであれば、他の就職口を探さなければなりません。そうでなかったとしても、就職の意思を会社側に確認してもらい、正式な内定をもらわなければならない時期です。

受話器の向こうで彼は、

「ああ、君はダメになったから」

——どうしてですか？

尋ねても答えてくれません。食い下がっても、「それは言えない」とだけ。あんなに優しかった先輩なのに、とりつく島もないのです。おまえなんか採用したくないと断わられれば、もうどうしようもないわけですが、今さら言われても困ります。いったい何のための就職活動だったんだと、茫然《ぼうぜん》としました。

なぜだったのか、今でも本当のところはわからない。ただ、のちにわたしが週刊誌の記者になってからのことですが、親しかったネタ元（情報源）の元公安のおまわりさんにこの内々定取り消しの話をして、なんだか妙に納得させられたことはあります。

「そりゃあ斎藤さん、少なくともそのメーカーは無理だわ。だってあんた、シベリア帰りのセガレだろ。あの会社は大きな公害問題も抱えてたし」

――ソ連のスパイかもしれないと見られていたってことですか。

「ま、そういうこと」

――だって、うちの親父は小学校しか出ていない、しかも零細中の零細な鉄屑屋だったんですよ。どんな諜報《ちょうほう》活動ができたって言うんですか。

「そういう下層の出身だからこそ、国家や資本に対するルサンチマン（怨恨、憎悪）があるに違いないというふうに、警察や大企業は考えるのさ」

いくら親しい仲とはいえ、相当にひどいことを言われたわけですが、その時のわたしは反発するよりも、つい、「な～るほどねぇ～」と感心してしまったものです。この時期のわたしはやりたい仕事に就けていたし、結果オーライだったよなという意識が強かったためでしょう。

どこまでも一般論で、彼がわたしのケースをきちんと捜査した結果ではないのですから、その見方が当たっているのか、見当外れなのかは不明のままです。ただ、あのときの先輩の態度を思い出すと、なんとなく頷《うなず》けるものでした。こうした経験も、わたしがその後、ジャーナリストとなって仕事を続けていくことになった底流にあります。

行き当たりばったりの末、新聞記者に

話を戻しましょう。メーカーへの就職がかなわなかったわたしは、一から就職活動をやり直しました。すでに多くの企業が採用活動を終了しており、しかも精神的なショックのせいか顔中が吹き出物だらけで、うつろな目をした学生を採ってくれる企業などなかなかありません。

それでもどうにか、やはり素材メーカーの内定にはこぎつけたのですが、内定者懇談会などの場に出ても、どうにも居心地が悪い。メロメロのわたしを合格させるしかなかった不人気企業なのに、人事の人たちは少しお酒が入ったとたん、「以前は東大卒しか入社できなかったんだ」と威張り出したのにはあきれました。

間もなくマスコミの入社試験がはじまります。もはやニュージャーナリズムがどうのこうのなどではなく、「俺を落としたメーカーの不正でも探って暴いてやろうか」みたいな〝私憤〟も込みで、試験日の異なる新聞社三社を受けて、かろうじて引っかかったのが産経新聞社です。

ところが、この年の産経は整理記者だけの採用でした。整理記者というのは、取材記者の書いた記事の扱いを決め、見出しをつけたり写真を添えたりして、紙面のレイアウトを行う専門職です。そのことは大学の就職課に張り出してあった求人票に明記されていたらしいのですが、わたしは試験日の都合だけで願書を出していたので、気がつきませんでした。試験で行われた実技テストも、編集能力全般の適性を見たいのかな、としか思わなかったのです。

それで最終面接のときに言われたのは、「君には整理の才能がまったくない」。ただし、「でも取材記者としてならまあまあ行けるかもしれない」から、「系列にある『日本工業新聞』なら入れてやる」とのことでした。現在は『フジサンケイビジネスアイ』という題字(新聞紙名)に変更され、性格もだいぶ変わっていますが、当時の『日本工業新聞』は、第二次産業を中心に取材し、報道する産業専門紙でした。というと少しはカッコよく聞こえるのですが、要は業界紙の寄せ集めのような新聞です。それでも何でも、入れてくれる新聞社があっただけでありがたい。「ハイ!」と、元気よく返事をしました。

こうして、わたしは、二転三転しながら、業界紙の記者として、社会人生活のスタートを切ることになりました。同期生は五人。学生時代の友人たちのなかには「戦争のない世の中をつくるために」報道の世界をめざすという仲間が少なくありませんでしたが、わたしはそんな高い志とは無縁。ここまでお話ししたように、ほとんど成り行きで記者になったようなものです。かつて抱いたニュージャーナリズムへの憧れも、業界紙の記者にはあまり関係ないなと思い知らされるまでに、さほどの時間はかかりませんでした。

業界紙の記者としてのスタート

『日本工業新聞』でわたしが担当したのは鉄鋼業界、なかでも電炉、特殊鋼《とくしゅこう》、フェロアロイ（合金鉄）の分野です。それまで担当していた先輩が他の担当への異動を希望していたとかで、「後任には斎藤君がいい。鉄屑屋の息子だから多少は知識もあるだろうし、即戦力になるはずだ」と、上司に進言したんだと、あとで聞かされました。どこまでも鉄に縁があるのか、憑《と》りつかれているのか、よくわかりませんが、とにかくそういう経緯だったそうです。

鉄鋼業界というと、新日鉄住金（当時は新日本製鐵《せいてつ》と住友金属工業）やJFEスチール（当時は日本鋼管と川崎製鉄）が有名ですが、これらは鉄鉱石や原料炭を高炉（溶鉱炉）で溶かして銑鉄《せんてつ》をつくり、それを転炉（転換炉）で鉄鋼に転換し、圧延《あつえん》して鋼材にする業態から、「高炉」メーカーと呼ばれます。「産業のコメ」とも形容される重要産業であり、規模も大きいので、新聞記者もベテランにならないと担当させてもらえません。『日本工業新聞』でも日ごろは大先輩の記者がフォローしていて、手が足りないときにわたしが駆り出されるというのが常でした。

一方、わたしが主に担当した電炉業界は、鉄屑を電気炉で溶かし、圧延して建築用の棒鋼《ぼうこう》などをつくります。わたしの家のような鉄屑商にとっては、お客さんに当たる産業ですね。特殊鋼業界は電炉で鉄屑を溶かすところまでは同じですが、この際、特殊な金属を添加して、硬度を高めたり、柔軟性を持たせたりして、自動車や電子機器などの部品に仕上げる。そしてフェロアロイ業界は、そうした添加剤となるクロムやニッケル、モリブデンなどの金属を、需要家——特殊鋼だけでなく、高炉や電炉の業界でも使われます——が利用しやすいように製錬、加工するという業態です。

いずれも、たとえば新日鐵のような巨大企業に比べたら、ずっと地味で、小さな産業です。わたしは来る日も来る日も、こうした会社を回って、いろいろな人の話を聞き、資料を集めては、毎日の記事を書いていったのでした。

わたしたちがふだん見慣れている『朝日新聞』や『毎日新聞』のような一般紙の紙面は、政治面、経済面、社会面、文化面などに分かれています。ですから記者も分野ごとに、政治記者、経済記者、事件記者等々、いろいろいます。『日本工業新聞』は、このうちの経済面だけ、とりわけ製造業の分野に特化した新聞だと考えてもらえばよいと思います。ですから面建ても業界ごと、「機械・自動車」面とか「電機・エレクトロニクス」面、「建設・住宅」面といったふうに分かれていました。わたしと先輩の鉄鋼チームは、「エネルギー・金属」面を埋める責任の一端を負っていました。会社としての規模も大違いで、大手の朝日新聞社や読売新聞社の社員が五〇〇〇人ほどを数えるのに対して、わが社は一〇〇人もいるかいないかの小所帯です。

わたしが学生時代にイメージしていた新聞記者像は、ごく普通に、一般紙のそれでした。だとすると通常、まず地方の支局に配属されて、いわゆるサツ回り、つまり警察を担当して、彼らが捜査する事件を追いかける仕事からはじまります。そうやって基本的なノウハウを身に付け、その上で地方議会や行政、地元の経済などを受け持って実績を積み、やがて本社に戻ったら各部に振り分けられて、政治記者とか事件記者とか、それぞれのコースを歩んでいく。わたしもできればそうした王道というか、新聞の長い歴史に導かれた修業パターンをたどって、よりよい記者になりたい、と考えていたのですが……。

晴れて新聞記者のハシクレになれたとはいうものの、どうも、あらかじめイメージしていた記者像とはだいぶ違う。きのうまでのド素人が、向き不向きもわからないのに、いきなり経済記者でございといって、ビジネスエリートたちに向き合うことになってしまったのですから。思わず不安を口にしたら、先輩の記者にこんなことを言われました。

「新聞の花形は確かに政治部や社会部だ。でもな、取材対象との関係を考えると、経済記者が一番いい。政治部が相手にする政治家や、社会部の警察、文化部なら芸能人など、彼らの取材対象は往々にして自己主張が激しく、読者への宣伝効果や世論の誘導を狙った情報をリークすることに躊躇《ちゅうちょ》がない。それに比べたら、ビジネスの世界の人たちは、はるかにまっとうな常識人だ。こちらが誠意をもって取材していれば、相手を批判する記事を書いたとしても、真摯《しんし》に受け止めてくれる。次に会ったときには、「いやあ、やられましたな」なんて言って、握手を求めてきたりするもんだ。それは、地に足がついた実業の世界に身を置いているからだよ」

実際、仕事をはじめてみると、その先輩の言葉に納得させられる場面が少なからずありました。もっとも、これはあくまでも経済記者の立場から見た印象です。どんな世界にも立派な人もいるし、ろくでもない人もいる。経済界の大方の人たちの姿勢も、ある時期からどんどん変節していったように思います。一九八〇年代後半のいわゆるバブル経済——株価や地価の急激な上昇など、実態のともなわない日本社会の異様な好景気——あたりからだったでしょうか。

何を聞いたらよいか

こうして記者生活がスタートしました。会社から給料をもらうサラリーマンではあるのですが、基本的に朝は会社に出ません。東京・大手町の経団連ビルのなかにあった「重工業記者会」という記者クラブに通う毎日でした。会社には用事があるときにだけ顔を出します。

記者クラブというのは官庁や団体などの建物に置かれた、記者のために設けられた部屋です。親睦《しんぼく》団体という建前で、新聞や放送局の記者はここを根城に取材活動を展開します。記者会見が開かれたり、当該の官庁や業界団体から資料が配られたりもします。

記者クラブは本来、同じ記者どうしが競争しながらも連帯・協力し、権力のチェック機能としての役割を果たすための存在であるはずです。自由主義社会ではそうした機能がどうしても必要だとわかっているから、ときに批判される官庁や団体の側も、スペースを提供してくれている形になっている。ところが、最近は、むしろ取材先との癒着《ゆちゃく》の温床に堕してしまっているのではないか、などと非難されることが多くなっています。この問題については、本章の最後のほうで詳しく触れます。

わたしのいた「重工業記者会」は、鉄鋼業界のほかに非鉄金属・アルミニウム業界、化学・石油化学業界などの産業をフォローする記者たちのたまり場でした。同じ経団連ビルには、これ以外にも電機や造船・重機、工作機械などの業界を取材する「機械クラブ」や、電力、ガス、石油業界をフォローする「エネルギー記者会」、財界の大物たちを追いかける「財界クラブ」などの記者クラブがありましたが、わが重工業記者会がよそと異なっていたのは、企業による記者会見や資料配布が少ないことでした。考えてみれば当然で、最終消費財を扱わない鉄鋼や非鉄の業界では、電気機器や自動車のようには新製品の発表も多くありませんし、消費者一般の関心は相対的に薄いのです。

そこで、他の業界の担当記者よりも、独自の取材を重ねる必要が生じます。ですが最初の一、二カ月間、わたしは右往左往をくり返すばかりでした。

「○○から担当を引き継いだ斎藤です」と言えば、企業の広報の人は会ってはくれます。社長や役員に取材したいと頼めば、たいがいはセッティングもしてくれる。でも、そうやってチャンスを得ても、何を聞いたらよいのかがわからない。これではダメだとあらかじめ質問事項を準備するようにしても、なにしろ知識も経験も足りない未熟者なので、一〇分もすると会話が途切れてしまう。困り果てたわたしが下を向いてうなだれているのに同情して、「まあまあ斎藤さん、こんな話もあるんですよ」と、尋ねてもいない情報をいただいたという、情けない場面も何度かありました。世の中全体に余裕があった時代だったからの話で、いまだったら

「あんたに会っても時間のムダだ」と、たちまち追い出されていたかもしれませんね。

それでも、継続は力なりです。取材先の皆さんにはさぞかし迷惑だったでしょうが、無理してがんばっているうちに、だんだん取材のコツみたいなものがわかるようになっていきました。

最近のこの会社にはこういう動きがあるので、そのことについて掘り下げて聞いてみよう、などという具合です。そのためには日ごろから多くの会社に出入りして、広報の人との交流を深めたり、兜町《かぶとちょう》（東京証券取引所を中心に証券会社が集中している一帯）に通っては、担当企業の噂や裏情報のたぐいを集めたり。会社や経団連の資料室で、過去の報道を読み返す作業も欠かせません。そうやって理論武装を固めては、偉い人とのアポを取り、場合によってはいきなり押しかけもして、質問をぶつけます。

寝ても覚めても工夫の仕方を考えました。でも結局わかったのは、「こうすれば絶対うまくいく」という秘訣《ひけつ》なんてない、ということです。取材というのはどこまでも、ただひたすらに資料を集め、人の話を丹念に聞いていく、地道な行動の積み重ね以外にはあり得ないのです。

質問する力とは

ところで取材で重要なのは、相手の話をよく聞いて、事実を引き出すことだと思います。どんな質問をぶつけるかが大切なのは言うまでもありませんが、それはとても難しい。相手の言うことに同調するだけではいけませんし、いちいち反論して、自分の意見を押しつけるのも違います。ところが最近は、そのあたりのことを勘違いしているらしいジャーナリストが少なくないような気がしてなりません。

テレビなどでよく見かける「謝罪会見」が好例です。何か不祥事を起こした企業がそれを謝罪するために開く記者会見。社長をはじめとする経営幹部たちが並んで頭を下げると、すさまじい量のフラッシュがたかれる光景はおなじみですね。

そういう場面では、記者席から「本当に反省しているのか!」とか、「被害にあった方々に言うべきことはないのか!」などと、厳しい言葉が投げかけられることが珍しくありません。でも、こんなやり取りに意味はあるのでしょうか。ジャーナリストの仕事は、なぜ不祥事が起きたのか、なぜ問題を防げなかったのかを当事者から引き出すことであって、世間になり代わって相手をいたぶるパフォーマンスではないと、わたしは考えます。口先だけで謝ったふりをして、内心では舌を出していると感じたのなら、その怒りのパワーで取材を深め、ペンの力でもって、グウの音も出ないようにすればよいのです。そもそも「謝罪会見」などという言葉自体がおかしい。責任のある人が世間向けに謝罪するだけなら、なにも大勢の記者が詰めかける必要もありません。テレビカメラを一台だけ回して、あとで映像を分ければよいのです。

一方、たとえば総理大臣官邸で開かれる首相や官房長官の記者会見では、これとは逆に、なされるべき追及がされていないとしか思えないケースが目立ちます。その説明は事実に基づいているのか。嘘や矛盾はないか。憲法に照らしてどうなのか。一般市民が一方的な犠牲を強いられる危険はないのか……。そんな本質的な問いかけはほとんど出ないまま、開きなおったような物言いを一生懸命にパソコンのキーボードに打ちこみ続ける記者さんたちの姿が、なんだか悲しい。

謝罪会見の様子とあわせて考えるに、水に落ちた犬は叩き、権力のある者には柔順な印象ばかりが伝わってきてしまいます。というのはわたしの感想でしかないのですが、読者のみなさんは、どう考えられますか。

特ダネを手がける

さて、それなりに仕事をこなし、要領をつかみはじめると、独自の取材で特ダネをとり、紙面の第一面トップを飾ることもできるようになりました。本人としては「スクープ！」だったと胸を張りたいところですが、なにせわたしの担当業界は社会的に注目されていたわけではなく、大手の新聞が後追いしてくれるほどのニュースにはなりにくかったので、まずまずの「特ダネ」ぐらいの言い方にさせてもらいます。

よく覚えているのは、特殊鋼の大手メーカー・日立金属と、大型車専門の自動車メーカー・日産ディーゼル（現社名はＵＤトラックス）がセラミックエンジンの開発で技術提携をするというニュースです。わたしの署名で、一九八三年五月三〇日付の一面に大きく掲載されました。それによれば、セラミックエンジンとは、窒化ケイ素などの無機物を焼き固めてつくるファインセラミックスをエンジン部品の素材に応用するもので、「耐熱性が抜群なうえ軽く、熱伝導率も低い」ため、「冷却装置が必要なく、一般の金属エンジンに比べ大幅な燃料の効率の向上」がはかれる「夢のエンジン」（と、わたしは書きました）です。その後の開発はなかなか進展せず、現在も部分的な利用にとどまってはいるのですが、当時は無限の可能性があると言われたテクノロジーだったのです。

この記事を書いたきっかけは、日立金属に出入りするうちに、どこかの自動車メーカーと新しい部品を共同開発するらしいという情報を聞きこんだことでした。わたしは取材を進め、相手が日産ディーゼルであることを突き止めましたが、ここで問題が発生します。事実関係の裏をとり、記事化するには、日立金属だけではなく、当然、もう一方の日産ディーゼル側にも取材しなければなりません。

ところがわたしの担当は鉄鋼業界であり、自動車業界は別の先輩記者が担当しているわけです。したがって、わたしがいきなり日産ディーゼルに取材を申し込めば、先輩の頭越しに「ナワバリ」を侵した、ということになってしまう。よその新聞社ではどうだったか知りませんが、少なくとも当時の『日本工業新聞』では、そのような行動は僭越《せんえつ》であり、若造のくせに生意気だ、ということになりかねなかった。

それ以前にも似たような経験をしていました。わたしの担当する特殊鋼は、その性質上、頑丈さを求められる各種の部品に加工されることが多いのです。それで、このときは何かの機械のメーカーに取材する必要が生じたのですが、まだ新人だったわたしは、どうしたらよいかわからず、機械担当の先輩記

セラミックエンジン開発で提携
日産ディーゼル工業＝日立金属
グループぐるみに発展も
近く技術交換会 年内にも部品から着手
強度、コストに課題

著者が書いた『日本工業新聞』記事(1983年5月30日付).

者に相談しました。先輩は「俺が聞いておいてやるよ」と言ってはくれたのですが、お互い忙しさにかまけているうちに、それっきりになってしまった、という話です。

こうした「ナワバリ」意識による弊害は、どのマスコミでもありがちなことです。大手の一般紙だって同様の、いえ、もっと困った事例がしばしば聞かれます。

たとえば、社会部の記者が不正献金の端緒をつかみ、取材を進めて、当の政治家に直接ぶつけて反応を見なければならなくなった。しかし、与党の大物政治家には、たいてい「番記者」がいます。その政治家を絶えずマークしている、政治部の担当記者ですね。相手の政治家に食い込めなければ仕事にならない彼らは、ネガティブな取材はしたがらないのが常であり、不正献金のネタなど表玄関から斬り込めば、横やりを入れられることも少なくないそうです。真実を明らかにするのが記者なのに、いささか情けなさすぎる反応ではあるのですが、誰しもそれぞれ自分の持ち場で必死なのですから、人情としてはわからないでもありません。

ですからセラミックエンジンの共同開発話も、自動車担当の記者に話をもっていったり、日産ディーゼルの広報を通して正式に取材を申し込んで、などとやっていたら、またぞろウヤムヤにされかねません。そこでわたしは夜になってから日産ディーゼルの幹部の自宅を訪ね、帰宅した彼に日立金属との提携を尋ねました。

「夜討《よう》ち朝駆《あさが》け」というやつです。アポなしでいきなり自宅を訪ね、質問をぶつける取材方法は、ときに猛反発も食いますし、セキュリティ意識が高まった最近ではずいぶん難しくなりましたが、相手の機嫌のよいタイミングに当たったりすると、思わぬ成果を得られるので、やめられません。このときも大成功でした。

一九八一年一一月二六日付の第一面に載せた「水素貯蔵合金を初入札」という署名原稿もいい思い出です。科学技術庁の「金属材料技術研究所（金材研）」が、日本で初めて水素貯蔵合金（水素吸蔵合金とも言われます）の公開入札を行う方針であることを明らかにしたものです。水素貯蔵合金とは、水素を取り込む性質をもつ金属を合成した新素材。金材研の目的は、「水素を吸収すると熱を出し、熱すると水素を放出する」特徴を利用して、「風力エネルギーで得た熱を水素貯蔵合金に貯えておき、風況不調時や夜間寒冷時に再び反応させて熱エネルギーを取り出そうというもの」だと、わたしは書きました。

新素材の開発競争が熱を帯びていた時代です。舞台は高炉や特殊鋼のメーカーであっても、他社ではどちらかといえば科学部のナワバリみたいになっていて、鉄鋼業界担当の記者たちの動きはやや鈍かったものですから、わたしはこの分野に突っ込み、特ダネを連発させてもらい

水素貯蔵合金を初入札

金材研 風力—熱エネ研究用に

世界最大級の3トン

常温反応など条件に

“活躍の舞台”早まる？

解説

著者が書いた『日本工業新聞』記事(1981年11月26日付).

ました。そうした取材でつかんだ水素貯蔵合金の公開入札も、主役は科学技術庁の研究所で、やはり担当外でしたが、「ええい、書いちまえ」と思って書きました。

もっともわたしは、その種の特ダネだけでなく、新社長の人柄や業績などを短い読み物にまとめる「この人」欄や、業界の人たちのちょっとしたエピソードを紹介するコラムを書くのも好きでした。鉄鋼という重厚長大産業そのものだけを追っていても、なかなか人の姿は見えてきません。しかし、取材を重ねていると、どんな産業も人間によって動いている現実がわかってきます。自分の糧《かて》にするだけではもったいない。表現もしてみたい。そんな思いをかなえてくれるのが、「この人」などの欄だったのです。

取材対象者との関係性の難しさ

わたしの新聞記者としての生活は、二三歳から二五歳までのわずか三年足らずでしたので、本来は人さまに語れるようなものではありません。書き連ねてきた経験談も、新聞記者を長くつとめてこられたような人たちから見たら、恥ずかしいほどちっぽけな話ばかりです。

でも、どれも普遍性のあるエピソードではあったのではないかとも思うのです。話が大きくなるほど、記者個々人の内面まではなかなか書ける機会がなくなっていくものですし、とくに、まだ社会人になっていない読者には、むしろわたしのささやかな体験のほうが身近に感じてもらえるかもしれないと考えました。

わたしは今でも、あのころの日々があったからこそ、ジャーナリストを職業にし続けていられるのだと自覚しています。取材先との関係についても、間の取り方とか、オン・ザ・ジョブ・トレーニングで、実に多くのことを学ばせてもらいました。

ほかの人が知らない情報を得るためには、取材対象者に接近しなければなりません。わたしは家業の関係もあって鉄鋼の原料分野への関心が強く、本来は先輩のナワバリだった高炉メーカーでも、原料部門にだけは、まずまず食いこんでいました。とくに某社の原料担当専務とは、大好きなプロ野球の話題をきっかけに親しくなり、ずいぶんかわいがってもらいました。

ただ、「ネタ元に食いこむ」とか「信頼を勝ち取る」などというと聞こえはいいのですが、別の見方をすれば、癒着にもつながりかねません。企業の側からすれば、自分たちに都合の悪いことを書かせないために、記者を「情報」というエサで操るということがあります。また逆に、記者の側も、取材先との友好関係を保ちたいために、批判的な記事を書かないということもあるわけです。

わたし自身は、まだまだ若くて未熟で、何よりも記者としての力量が決定的に不足していましたので、こんなのを取りこんでどうこうしようなどとは、企業の側も思ってもいなかっただろうと思います。それでも、外から見れば、近くなりすぎだと言われても仕方のない時期もあったかもしれません。

しかし、「きれいごと」だけでは、情報が得られないことも確かです。ああでもない、こうでもないと、相当に難しいバランス感覚、倫理観、問題意識が求められるところです。

ジャーナリストの基本は「権力のチェック機能」であるわけですが、それ以前に、まともに情報がとれないのでは話になりません。そんなわけで、取材対象者に近づけば近づくほど、本末転倒して、目の前の取材対象者と仲よくすることばかりを最優先してしまいかねない危険が高まります。

自分は何のために記者の仕事をしているのか。この情報を報じることが社会にどれだけの意義をもたらすのか。逆に、伝えないことがどれだけ有害なのか。そんな自問自答をいつも心がけ、常に原点に立ち戻って考える必要があるのだと思います。

抱き始めた仕事への疑問

実力もないくせに、若かったわたしは余計なことをいろいろ考えました。経済記者の仕事のあり方そのものに対する疑問も次々にわいてきます。

同じ分野を少し長く担当していると、業界の仕組みや共通する発想がわかってきます。知識を身に付けて理解を深めることが大切なのはもちろんですが、人間は悲しいかな、そうなってくると、「慣れ」も生じます。どのボタンを押すとどういう反応が返ってくるか程度のことは、取材する前から察しがついてしまうのです。当事者ならぬ第三者でしかない立場なのに、いつの間にか、自分自身も業界関係者であるかのような錯覚に陥っていく。

たとえばA社とB社が共同で新しい事業をはじめるという原稿を書くとします。その最後を「関係筋では、事実上の合併効果があると見ている」などと結んで、なんだかスケールの大きなニュースであるかのように見せかけたことが、一、二度ありました。「関係筋」って誰だ？　オレだよ！　てなものです。

すっかり事情通気どりになっていたわたしには、改めて尋ねて回らなくても、「この業界の人間なら、こういう見方をする」ということがだいたいわかる。だから自分の見方を「関係筋」の見方ということにして書いてしまう。実際、それで外れたこともないのですが、言うまでもなく、こんなやり方は許されません。書くなら書くで、記者の主観として書かなければならない。「関係筋がうんぬん」と書いてデスクをだますと、紙面での扱いがよくなり、自己満足できるから、わたしはやってしまったのでした。どうせ部数もたいして出ていない三流紙なんだから、これぐらいはいいじゃないかという甘えがあったことも告白します。

三〇年以上がすぎた今になって、猛烈に悔やんでいます。ただ、その当時のわたしは反省よりも、こんなことをしていたら、自分が記者なのか、業界関係者なのかの境界さえあいまいになっていくのではないか、それは怖いことだよなと、自分のことばかり心配していました。

何年も働いている先輩たちを見ていると、このあたりのことにさほどの矛盾は感じていないように思えました。わたしの上司だった部長は、三〇年以上も同じ業界を担当し続けて、いわば、業界の「顔役」になっていた方です。また別の先輩が、紙面が薄くなりそうなとき（つまり面白い記事があまりないとき）、親しい広報マンに電話して、「なんかない？　そうね、三段ぐらいの見出しは立ちそうな、ちょっと大きめの話」と頼んだら、二〇分もしないうちに折り返しの電話がかかってきて、ちょうどいいボリュームのニュースを教えてくれた、なんて光景も、この目に見せつけられました。

けっして批判ではありません。この先輩や部長は、産業専門紙の記者としては本当にすばらしい実力の持ち主でした。あのころのわたしには逆立ちしてもできなかった芸当です。

ただ、そのような日常を送るにつれて、「俺たちはなんのために仕事をしているんだろう」「この仕事に存在意義ってあるんだろうか」などと考えこむことが増えていきました。取材先の主流派と変わらない価値観にしたがって書くだけなら、記者なんて世の中に必要ない。新日鐵なら新日鐵の人に紙面を提供して書いてもらったほうが、よほど正確で、中身の濃い記事になる理屈じゃないか——と。

何のための記者なのか

そして、そんなわたしの疑問をさらに強くする出来事が起きました。

わたしが新聞記者になった一九八〇年代前半の鉄鋼業界は、「鉄冷え」と言われた時期でした。高度経済成長は終わり、すでに低成長時代に入っています。建設や造船などの大口ユーザーの需要が減少しているのでは、鉄鋼業界の業績が低迷するのも自然の成り行きではあります。国内の粗鋼《そこう》(圧延などの加工を施されて鋼材となる前段階の鉄鋼)生産量が一億トンを割りこみ、いくつかの高炉が操業停止に追い込まれる事態になりました。

わたしは部内の会議で、この問題を掘り下げて取材しましょうと提案しました。業界を取り巻く環境が悪化したのは誰の目にも明らかですが、当事者である鉄鋼業界の首脳たちがそのことばかりを決算発表などの場で強調したがるのが気に入らなかったのです。

環境がよくないからといって業績が落ちこむのに任せたままで、改善策ひとつ打ち出せないなら、あんたたちは何のための経営者なんだ？と思いました。そんなことで済むなら、俺みたいな若造にだって務まるよ、本当に手をこまねいているならそのことを、なんとかがんばってはいるんだが力及ばないというのならそのことを、あるいは経営者たちの苦悩を、深く見つめ直すような記事を書いてみたかった。

ところが、わたしの提案は一笑に付されてしまいました。上司に「業界を批判してどうするんだ」と叱られたわたしは、でも、どうにも納得できません。

記者は当事者ではなく第三者です。その仕事に存在意義があるとしたら、当事者に見えていないことや気づいていないこと、わかっていても見て見ぬふりをしている問題を取り出して公にし、広く有益な議論の素材として、世に問うことではないのだろうか。悪意で批判して、取材先の会社をつぶしてやろうというのとは、まったく違います。結果的には、その業界のためにもなるはずです。

なのに会議室の面々は、「俺たちも当事者の仲間なんだから」とでも言わんばかり。そんなこともあって、わたしは鉄鋼業界の事情通で終わりかねない将来を恐れ、担当替えを編集局長にお願いしてみましたが、聞き入れられませんでした。もともと入社試験を受けたのは産経新聞社だったのだからと、本紙『産経新聞』の編集局に移籍させてほしいと産経本体の幹部に直《じか》談判《だんぱん》したりもしましたが、これもダメ。ずいぶんと思い上がった真似をしたものですが、それだけ精神的に追い詰められていたということなのでしょうか。

こんな話を書き連ねていると、なんだか不満だらけの記者生活だったように思われるかもしれませんが、ちょっと違います。わたしは『日本工業新聞』という職場が大好きでした。給料が業界の平均よりかなり低かったことを除けば、取材と記事執筆のイロハを覚えさせてもらったことはもちろん、規模が小さい分だけ自由に、伸び伸びと仕事ができたことにも、いくら感謝しても感謝しきれません。それでも――。

入社して三年目を迎えたころには、芽生えはじめた疑問がさらに大きくなってしまい、わたしは日本工業新聞社を去ることを決めたのです。

記者クラブをどう考えるか

その後、わたしは週刊誌の記者へと転身するのですが、その話をする前に、先ほど少し触れた記者クラブの問題について語っておきたいと思います。日本のジャーナリズムの問題を考えるうえで、必ずといってよいほど取り上げられる話題です。前述した通り、記者クラブにはさまざまな批判があります。記者クラブは多くの場合、官公庁や団体などの建物のなかに設置されており、電話台や光熱費も、マスコミ側は負担しなくてすむようになっています。所属する記者ひとりひとりの問題というよりは、構造的な癒着システムと見なされても仕方がない部分があるとは思います。

また、記者クラブが開く記者会見には、記者クラブ加盟社の記者しか出席できないのが原則でした。現在のわたしのようなフリージャーナリストの出席は断られるのが通例です。二〇〇九年に民主党政権が誕生した前後から、こうした記者クラブのあり方に対する批判が強まり、会見を加盟社以外に開放したところも少なくないのですが、記者クラブ全般の排他的な体質は、今なお問題視され続けているところです。

わたしも同様の問題意識を共有していますが、記者クラブを廃止した方がよいとまでは考えていません。こんな経験が頭から離れないからです。

『日本工業新聞』時代に担当していた会社のなかに、C社という一部上場企業がありました。新日鐵のような超大手ではありませんが、かなりの規模の会社です。

このクラスの会社なら、当時でも、マスコミの取材に対応する広報部門が設けられているのが一般的でした。ところがC社には広報部門がなく、なぜか経営企画部の部長さんが責任をもつという格好になっていたのです。

経営企画なら経営トップ直属ですし、このセクションにしっかりした広報担当者が置かれるなら、それはそれで立派なやり方なのですが、なにしろ多忙な部長さんが片手間にやっていた。それで結局、自分だけではできっこないからと、親しかったらしい業界紙D(わが社ではありません)の社長さんに、実務を丸投げしていたのです。

で、ある日、そのD社の社長さんが、わたしや同業他社、他の業界紙各紙に、「C社が新製品の発表をするので来てほしい」と電話してきました。普通だと重工業記者会や、これとは別にある鉄鋼業界紙の記者クラブの幹事社(クラブ加盟社が輪番で務める)に連絡して、加盟社に周知してもらうところなのですが、この場合、C社の広報実務を委託されたD社の社長が個別に、かつ個人的に伝えた、ということになります。

さて、その新製品発表会に出向いてみると、多くの産業専門紙や業界紙の記者が集まっていました。でも不思議なことに、代表的な経済紙である『日本経済新聞』の記者だけが来ていません。わたしはおそるおそる、コワモテで知られたD社の社長さんに尋ねてみました。

彼の言葉は明快です。

「俺は日経が嫌いなんだよ」

思わず笑ってしまいました。が、少し考えてみると、重大な問題をはらんでいることがわかってきます。

C社の新製品が日経に取り上げられなくても、もちろん担当記者は叱られるでしょうが、世の中全体にとっては大したことではありません。でも、たとえば政治家や官僚が本気で、「俺はあの新聞が嫌いだから村八分にしてやる」と考え、実行したとしたら？　誰に情報を与えるか与えないかを、権力の側にある者たちが思いのままにできてしまうとしたら、社会はいったい、どんなことになってしまうのかと、わたしは不安なのです。

いわゆるスクープのなかには、情報を発信する側の何らかの思惑でリーク（非公式かつ意図的に情報をもらすこと）されている場合が少なくないのも現実です。とはいえ、そんなやり方が日常的にまかり通るようになるのとは、本質的に意味が違うのです。

恣意的に排除されたジャーナリストが取りうる対応には、ざっと二とおりが考えられます。ひとつは徹底抗戦。お仕着せの発表ネタなどこちらから拒否し、報道を世論誘導の道具としてしかとらえていないようでは反社会的な動きもしている可能性が高いと踏んで、相手の陰の部分の取材を進めていく。

もうひとつは、まったく逆に、そのような相手なのだと思いはしても、すり寄って関係を改善し、二度と排除されないように努める。実際には、後者の対応が取られるケースが多いのではないかと思われます。他社が足並みをそろえて報じているニュースを、自分たちの紙面だけが掲載できなかったという形（「特ダネ」の反対で、「特オチ」といいます）になるのだけは避けたいというのが、マスコミの多数派に共通する信条だから。

下手《へた》に記者クラブを廃止すれば、あるいはオープンにしすぎて有名無実化させてしまったら最後、かえって情報を好き勝手にコントロールしたがる今どきの権力者たちの思う壺です。それはとても危険なことではないでしょうか。記者が集まり、連帯の力を発揮できる記者クラブは、本来なら、これからの時代、ますます存在意義を高めていくに違いないと、わたしは考えているのです。

問われるべきものは

また、これはあまり指摘される機会が多くないような気がするのですが、記者という専門の職能をもつ者たちの「ギルド」というか、同業者の共同体という意味でも、記者クラブは必要だと思います。クラブの閉鎖性に対する批判はもっともですが、わたしの場合、まさにその閉鎖性ゆえか、新人がいきなり鉄鋼業界の担当になったことが怒りを買ったのか、当初はあいさつの返事さえしてくれなかった他社の先輩たちの態度が、わたしが一応の実績を積んでいくうちに変わっていき、いつの間にか仲良く話をしてもらえるようになったころの感激が忘れられません。「ああ、やっと半人前ぐらいにはなれた」とうれしくなって。その後の仕事の励みになりました。

なんでもあけっぴろげにすればいい、というものではありません。取材相手に有意義な質問をするには、プロのジャーナリストとしてのある程度以上の専門性が求められるからです。

記者会見の限られた時間が、理解の浅い出席者による質問に費やされるとしたら、もったいなさすぎる。しかも近年は、言い方は悪いですが、素人の「居酒屋談義」レベルの議論が、あらゆる分野で現実の政策にされてしまうケースが珍しくありません。今こそ、それぞれが互いの専門性を大事にし合い、プロフェッショナルに対するリスペクトが求められる時代ではないでしょうか。

ジャーナリズムだって例外ではないはずです。記者クラブを開放していく場合は、出席を希望するジャーナリスト個々人の実績などをもとに可否を決めるなどといった、一定の条件が課される必要があるでしょう。

もっともわたし自身は、たとえ出席が認められても、記者会見のたぐいにはあまり参加したいとは思いません。なぜって、みんなで同じ話を聞いたって、面白くもなんともありませんもの。そんな暇があったら、誰も知らない特ダネを探して歩くほうが、ずっと楽しいと思います。

記者クラブメディアは記者クラブメディア、そうでない者はそうでないままに。互いを尊重しつつ競争し、ときには協力しながら棲《す》み分ける。一口にジャーナリズムといっても多様な業態をもつわたしたちには、そんなスタイルの関係こそがふさわしいし、世の中のお役にたてると考えます。

はっきり書いてしまうと、記者クラブの問題ばかりにかまけることは、権力とジャーナリズムの関係を考える上では、むしろマイナスだと思えてなりません。矮小化《わいしょう》化してしまいかねない。

こんなものは端的でわかりやすい事例ではあっても、本質そのものではないのです。

実は、集団的自衛権の行使を容認するのか否かという、国民的議論の真っ最中に、新聞社や放送局の首脳たちは、安倍首相との会食を重ねていたことも明らかになっています。記者クラブの問題どころの騒ぎではありませんし、仮に記者クラブを廃止したところで、このレベルの癒着は解消されません。何よりも大事なのは、せっかくの記者クラブを、現在のような歪《ゆが》んだものにしてしまっているマスコミ組織のあり方や、記者個々人の意識を問い直していくことではないでしょうか。

「研修日報」より

手元に日本工業新聞社に入社したばかりのころの「研修日報」があります。一九八一年四月の毎日、先輩記者の取材に同行して、その報告を編集局長に提出していたのでした。

本章を書くために眺めていたら、まだまだ幼くて健気《けなげ》だった自分が思い出されて、泣けてきました。局長が書きこんでくれたコメントも読者の参考になりそうな気がするので、少し引用させてください。配属後も何度か書かされています。関係者に迷惑がかからないよう、一部の人名はイニシャルにしておきます。

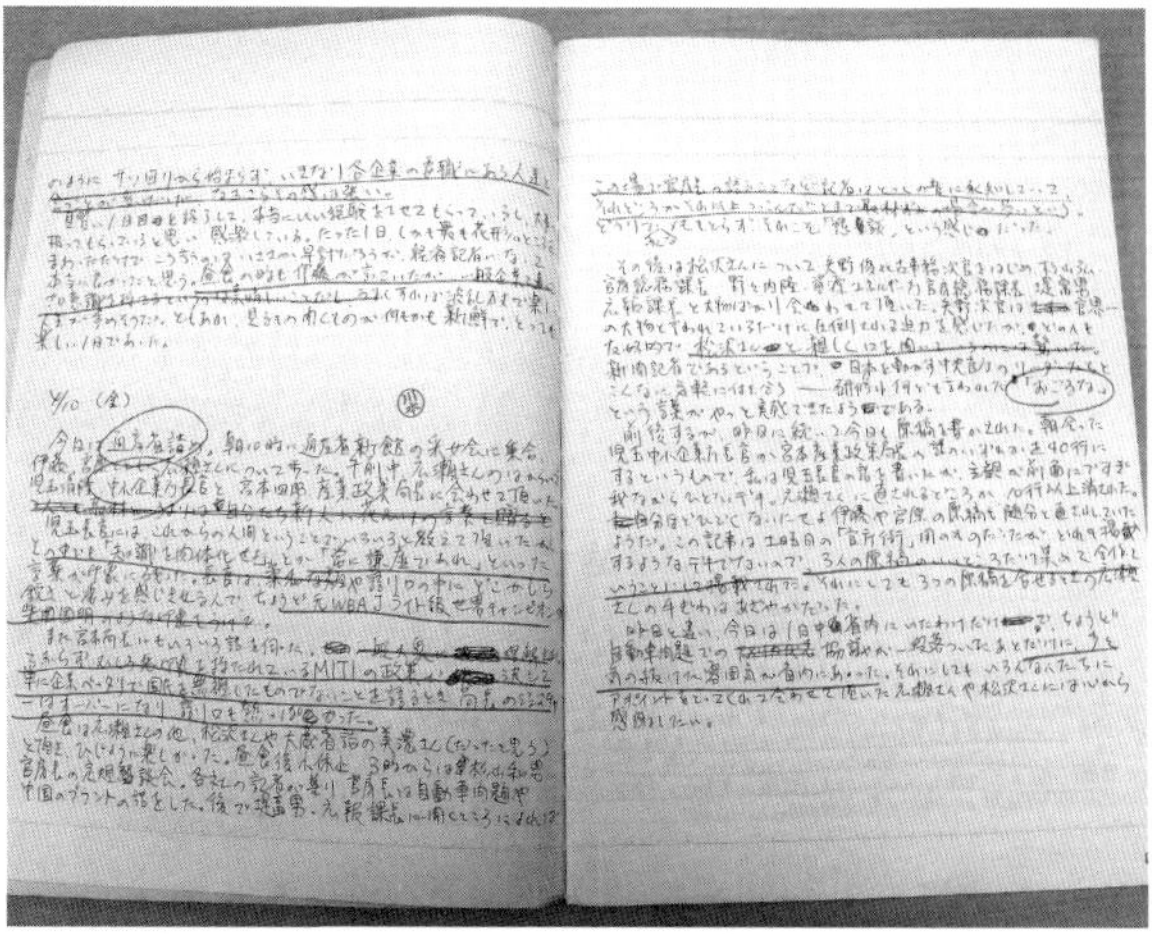

新入社員時代の「研修日報」.

四月一一日(土)　ひさびさの六時半起床。眠くて死にそうだったけれど、なんとかかんとか九時には日本橋の野村証券に着いた。記者会見室に行くと、証券関係の業界紙がたくさん並べてあって、「株式新聞」しか知らなかったわたしは驚いた。一面をのぞいただけで見る気もしなかったけど。(中略)

昼からはM編集委員が来られ、原稿書きで忙しいNさんを置いて伊藤、宮原と四人で食事。Mさんはいかにも「ブンヤ」という感じの人で、面白い話をいろいろ伺った。「どうせ俺たちは何にもわかりゃしないんだから、何でも相手に聞くこと。それでも嫌がられなければいいんだから、一番必要なのは愛嬌《あいきょう》」なんて話は楽しかったし、あまり理屈がわからない自分にはこれしかないかな——なんて思ったりして。

四月一六日(木)　それにしても機械、とりわけ中小の企業が集中している工作機械というものには、まるきりなじみがないだけわかりづらい。なんでこうどこに行ってもわからないんだ？　段々自信をなくしてきたきょうこのごろ。

開始より二〇分位遅れて自動車工業会の石原俊会長の記者会見へ。注目されてる産業だし、こちらも少しは知識があるからさすがに少しはわかる。だいいちテレビカメラが入ってたりして、華やかな雰囲気がいい。こういう雰囲気、大好き。会見内容そのものは、わたしの知る限り、とくに目新しいものはないようだった。アメリカの要求(日本車の輸入は年間一五〇万台)は論外で、昨年並みの一八二万台を上まわらぬ程度にはしてもよい、それなら我慢してやる——といった感じで、底知れぬ自信を感じた。

〈局長コメント〉雰囲気とかテレビとか上滑りはいけない。経済記者は元来地道なものだ。

四月二三日(木)　Oさんについて MS シュレッダーの明光商会へ。創業者であり現在もワンマン社長だという高木禮二社長に会った。開口一番、「優秀な社員と優秀な社長、これで伸びないはずがない」と、えらく強気な話。やたらきついようでいて自分のような新人にも話しかけてくれたり、やさしい人柄を感じ、こちらからもいろいろ聞けて、楽しい取材だった。いろんな人について、いろんなところをまわり、楽しくも勉強になったと思える一日だった。

五月三一日(日)　第二工業部に配属されて、はや一ヶ月が過ぎてしまった。この間、いったい何をやっていたのだろう。いま、自分で書いた記事のスクラップを見ても、ニュースらしい記事などほとんどない。発表モノ、業界紙の後追い、トメ記事(引用者注・取材のこぼれ話みたいな短い読み物)。自分で〝取材〟して書いたのは二三日の「業界情報」にめっき業界のことを書いたのと、二七日に東京製鉄の輸入スクラップの話を書いたのだけだ。

要するに、まだちっとも慣れていない。何人かの社長たちと会い、行きやすい企業がいくつかできたのと、当該企業の話だけでなく業界の噂話などから追う対象を見つけられることがわかってきただけだ。(中略)

(一時は)人に会うのも嫌だった。広報体制が確立しておらず、しかも不景気でいいニュースなどひとつもない電炉のことだから、なおさら新人であることをうさん臭げに、また頼りなげに見てくるような気がして。実際そうだし、今だってなめられて嬉しい訳はないのだけれど、開き直りの度胸がついてきた感じだ。礼儀を知らない自分のとりえは、開き直れることであり、保身を考えないことであり、体当たりの精神なのだから、ひるんでいては何のとりえもなくなってしまう。今後は大丈夫だ。大丈夫にしていきたい。

〈局長コメント〉だいぶ苦労しているようだが、なにもかもいい経験である。君のいう開き直り、大いに結構。そのうちニュースが見えてくる。辛くとも一歩一歩地道に努力を積み重ねること。不景気だからいいニュースがないということはない。新聞記者として一人前になるには、色んなカベがある。気力を充実させて、初心を忘れず、頑張ってほしい。

わたしはすばらしい新人教育を受けさせてもらったのだなあと、改めて感謝しています。

3

「なんでも取材してやろう」

—週刊誌記者の世界へ—

『週刊文春』の記者を務めていたころ，同僚と編集部にて（右から二人目が著者）．

「取材の幅を広げたい」

『日本工業新聞』で三年近く鉄鋼担当記者をつとめて、仕事のイロハのイぐらいはつかめたつもりです。特ダネもいくつかモノにしました。ただ、限られた分野だけを対象に取材する毎日には、いささか飽きはじめていたのも事実です。一般紙の記者たちのような地方での支局生活や、サツ回り(警察取材)の経験がないことにもコンプレックスが拭《ぬぐ》いきれませんでした。

——俺はまだ若いんだ。もっともっといろんな分野を取材して、ガンガン書きたい。

そんな思いが高まっていきます。ジャーナリストは取材者であって当事者ではありません。得意な領域で、深く掘り下げていく仕事は、キャリアを積み、いずれ方向性が定まってからでも遅くない。今はそれよりも、できる限り取材活動の幅を広げて、自分の可能性を模索すべき時期であるはずだ——。

一九八三年秋、日本工業新聞社を退社したわたしは、考えた末に、文藝春秋社の門をたたきます。あの真っ白い表紙で、わたしをジャーナリズムの世界にいざなってくれた『週刊文春』を発行している出版社です。

実はまったくの偶然なのですが、この会社の幹部のひとりに、高校時代の後輩のお父上がいました。その後輩に、「お父さんに会わせてくれないか」と頼みこんで実現した面会です。一階の応接サロンで、わたしはそれまでの仕事をはじめ、いま抱えている悩み、いつの日かかなえたい理想などを率直にお話ししました。するとその方は、「だったらウチの週刊誌に来なさい」とおっしゃってくれたのです。つまり、『週刊文春』です。

思いがけない言葉に、わたしは感激しました。そこまで期待していたわけではまったくなく、憧れのニュージャーナリズムを率いた文藝春秋社で幹部になったほどの人なら、もしかするとわたしの悩みに解決のヒントをいただけるかもしれない、というのが、面会の最大の目的だったからです。それはもちろん、新しい働き口を紹介してくれないかな、ぐらいの胸算用もなかったと言ったら嘘になりますが、それにしたって誰か取材を手伝う人間を探している物書きの下働きでもできれば、程度のものでしたから。

いずれにしても願ってもない幸運です。例のニュージャーナリズムの旗手たちの多くが新聞社やテレビ局の記者出身だったことは第2章で述べたとおりですが、彼らは一様に、もといた職場でもスター記者でした。ところが日本のジャーナリズム史をさらにさかのぼると、週刊誌の無署名ライターから身を起こし、世に出て行った大物作家や評論家たちも、大勢いたのです。

梶山季之《かじやまとしゆき》さん（週刊文春）、草柳大蔵《くさやなぎだいぞう》さん（週刊新潮）、清水一行《いっこう》さん（週刊現代）。八〇年代に入って以降だと大下英治《おおしたえいじ》さん（週刊文春）……。草柳さんの場合は、若いころの一時期、『産経新聞』で経済記者をしていたこともあると聞きました。

彼らは週刊誌の「トップ屋」（昭和三〇年代に週刊誌の創刊が相次いだ当時の週刊誌記者の通称）として腕を磨いたといいます。実際、週刊誌なら、事件も、政治も、経済も、スポーツも、芸能も、なんでもやれる、やらなければなりません。サツ回り経験のないわたしにとっては、その代わりにもなるのではないか。

いつの日か大先輩たちの系譜に連なることができたら――。そんなことも漠然と考えてはいましたから、『週刊文春』のお話がなければ、この間に社会人として培《つちか》った伝手《つて》などをたどって、どこかの週刊誌にもぐり込もうとしていたかもしれません。

週刊誌記者としての新たな一歩

わたしが『週刊文春』で働くことになった一九八三年の秋ごろ、例のニュージャーナリズム路線はすでに過去のものになっていました。有名なジャーナリストや作家が長い署名記事を書くことも、めったにありません。ブームの以前に戻ったような感じで、ひとつの話題を三、四人のチームで取材してまとめる三、四ページの記事が数本並ぶ、というパターンです。

週刊誌の作り方は、出版社によって異なります。現場の取材はわたしのような契約のフリー記者だけが行って、社員編集者は司令塔に撤している編集部もありますが、『週刊文春』では若い編集者と契約記者は一緒に取材していました。いずれ一流のジャーナリストや作家に編集サイドの望む方向で書かせたり、自分自身の力で新しい書き手を発掘するプロフェッショナルに育っていくべき編集者には、それが最高の勉強になる——という考え方によります。

チームで取材するとはいっても、最終的に雑誌に載せる原稿を書くのは、その中の一人であるのが普通です（手分けして書くこともありますが）。週刊誌の世界では「アンカーマン」と呼ばれていて（陸上競技のリレーと同じですね）、自分自身も取材しますが、チームのリーダー役として他の記者たちに的確な指示を出していくのも重要な仕事です。この場合、最終原稿を書かない記者は関係者などに取材した談話を原則そのまま文章に起こし、アンカーマンに提出する「データマン」ということになります（『週刊文春』の内部では、それぞれを「カキ」「アシ」とも呼んでいましたが、この本では一般的な表現に統一します）。

どちらが上だ、という序列とは違います。記者たちはそれぞれの適性や志望、その時々の編集部の事情などに応じて配置されますが、フリーの側も、いずれ独立して署名ライターになる目標をもって、「早くアンカーに」と望む者と、あまり表に出ることを好まず、取材の〝職人〟としてデータマンに撤しようとする者とに大別できました。目立ちたがり屋だったわたしは前者です。

当時の『週刊文春』の布陣は、社員編集者が約四〇人、フリー記者が二〇人ほどでした。この陣容がメインの特集をする「特集班」、連載小説などを担当する「セクション班」、写真ページの「グラビア班」に分かれます。わたしは特集班で、フリーと社員編集者を合わせて三五人ぐらいで取材や原稿書きに精を出していたと記憶しています。

特集班は、さらに三つの班に分けられ、『週刊文春』の発売日である毎週木曜日の午前中に、次号以降の内容を話し合うプラン会議を行います。わたしのようなフリーも参加し、取材してみたい情報を提案し合うのです。

プラン会議は昼頃までには散会。わたしたちが昼食や取材、ネタ元との顔つなぎ、映画を観に行くなど思い思いに過ごしている間に、編集長と「デスク」と呼ばれる各班の現場責任者たちが、プラン会議での話などをもとに、次号の特集を決定します。これが「デスク会議」で、わたしたちは夕方になって帰社すると、その夜からの仕事が割り振られている、というような具合なのが常でした。

わたしには曲がりなりにも新聞記者の経験があったのですが、週刊誌はまったく別の世界のようでした。「なんでも取材してやろう」と意気込んではいたものの、初めのうちは勝手がわからず、ゼロからのスタートという感じです。

できない者にはなにも言えません。わたしはとにかく、割り振られた取材をこなしつつ、まずはデータマンとしての取材のスキルを磨くことだけを心がけました。

週刊誌記者としての最初の手ごたえ

週刊誌の記者として、わたしが最初に手ごたえを感じたのは、「投資ジャーナル事件」の取材です。一九八四年から八五年にかけて日本中を騒がせた、中江《なかえ》滋樹《しげき》という男による大規模な詐欺事件でした。

株式専門の投資顧問会社を自称し、『投資ジャーナル』『月刊投資家』などの雑誌を発行していた中江氏は、集めた会員たちから巨額の資金をだまし取っていたのです。被害者数は七〇〇〇人を超え、被害総額は五〇〇億円以上にも達したと言われます。

事件化するまでは「兜町の風雲児」と持て囃《はや》されていた中江氏は、そのころから女性アイドルや政治家らとの華麗な交遊で有名でした。警察に追われて海外に逃亡し、とどのつまりは逮捕されて、懲役六年の実刑を言い渡されたというのが事件の顚末《てんまつ》ですが、『週刊文春』でもこの事件を連載した時期があり、わたしもチームの一人に組み込まれていました。

すでに編集部は、かつて中江氏の部下だったという男を抱え込んでいて、彼の情報をベースに連載の方向性を決定していたようです。あとから投入されたわたしは、したがって本筋ではなくても面白そうなエピソードを、元経済記者の取材ルートで何でもいいから拾ってこい、と指示されました。いかにもアテにされていないという感じではありますが、それだけに、思いきり自由に飛び回ることができたのです。

そんなふうでしたから、わたしは事件そのものよりも、中江滋樹という人物の過去を追ってみようと考えました。この男はなぜ、どのようにして詐欺師になっていったのか？

一九五四年生まれの彼は滋賀県近江《おうみ》八幡《はちまん》市の出身です。少年時代から株に親しみ、高校のころには早くも信用取引に手を染めたと言います。卒業後はそのころの名古屋市では知る人ぞ知る存在だったらしい投資顧問会社「三愛《さんあい》経済研究所」に入社し、ここで株のイロハを叩きこまれたそうなのです。かつてもその当時も、所長は創業者であるI氏であるという。

すでに報道されていた、ざっと以上のような情報をもとに取材を進めたわたしの関心は、やはり名古屋時代に集中してしまいます。そのころの中江氏が学んだのは、株の知識だけではなかったのではないか。なんとなくそう考えました。

とすれば攻略すべきは三愛経済研究所のI所長だ、となるわけですが、電話をかけてもアポなし訪問しても門前払い。当たり前と言えば当たり前です。目下の投資ジャーナル事件とは直接の関係がなかったとしても、あの中江滋樹氏に株を教えた人物として週刊誌に取り上げられたら、少なくともプラスにはならないでしょうから。

情報を引き出すために

そこでわたしは、三愛経済研究所について、まずは外側から調べました。『日本工業新聞』では必要のなかったプロセスですが、文藝春秋社の正社員ではないので、何をどうしたらよいのかなんて、誰も教えてはくれません。手始めに法務局を訪れます。誰でも閲覧できる登記簿《とうきぼ》謄本《とうほん》には役員欄があり、現在の役員だけでなく、過去に役員を務めた人たちの名前を見ることもできます。わたしはこう考えました。

元役員たちの中には、もしかしたらトラブルを起こして辞めた人がいるのではないか。そういう人が今なおI所長に反感をもっていて、表に出ていない裏話をしてくれたら最高だし、そこまでは引き出せなくても、次の取材の糸口を見出せるかもしれない——。

恐くなかったわけではありません。仮にわたしの推測が当たっていて、中江氏に詐欺のテクニックを教えたのがI氏だったとすれば、その関係者たちだって、裏街道を歩いていない保証はないのです。それでも、わたしは登記簿謄本で元役員の名前をリストアップして、名古屋市とその周辺の電話帳で住所や電話番号を調べては、電話をかけたり、直接の訪問を試みました。やがて、ビンゴ！　一人の元役員が快く会ってくれ、I氏には恨みもなにもないけれど、と言いながら、三愛経済をめぐるエピソードをいくつも聞かせてくれました。

しかもこの人自身は、もともと新日鐵の関連会社に勤めていたという。当時のわたしの乏しすぎる社会人経験にあって、鉄鋼業界だけは濃密な関係をもった世界でしたから、話がはずみます。「よし、じゃあ俺があんたをIに会わせてやる」と言ってもらうまでには、さほどの時間もかかりませんでした。

ようやく果たすことができたI氏への取材でしたが、さすがに海千山千です。オフィスではのらりくらり、押しても引いても、はぐらかされるばかりです。そのうち、

「おい、飲みに行こう。そこで話をしてやる」

名古屋有数の繁華街・栄《さかえ》の高級クラブに連れていかれました。I氏は余裕しゃくしゃくで、席に着いた女性に命じては、わたしのグラスにどんどんウイスキーをつがせます。この若造記

者がどこまで本気で取材する気なのかを試しながら、まるで楽しんでいるみたいです。

わたしの質問を適当にかわしながら、ときどき、本質に関わるような話をポロリともらす。わたしがメモをとりだすと、「やめろ」と怒り出すのです。

〝中江の先生〟の肉声を、酔った頭で忘れてしまうわけにはいきません。あいまいな記憶で記事にして、万が一にも間違っていたら最悪です。わたしは何度も席を立ち、「近いもので」などと頭をかきながら、トイレで直前の会話を必死に書き留めることをくり返しました。

相手からどう話を引き出すか。正義の味方面をして相手を説き伏せようとしても無理です。おだてたりへつらってみせても、そんなものは簡単に見透かされます。これればかりは経験を積み重ねていくしかありません。わたしも長い間にそれなりの感覚をつかんだ気がしていなくもないのですが、いまだにうまく話を引き出せないケースもままあります。ここのところの悩ましさは、わたしがジャーナリストでいる限りは続くのだろうなと、時どきため息をついていいます。

「詐欺事件」の原点にあったもの

I氏とはけっこう気が合いました。彼はたとえば、三愛経済に在籍していたころの中江氏に、こんな話をしていたと言います。

「新聞広告は都会でなく、田舎に出す。東北のほうがいい。送金も連絡も郵便にすれば、もし引っかかったと気づいても、なかなか文句も言いに来れないからな。

それでも言ってくる奴がいても、「訴えられても絶対に返さない」と突っぱねると、たいていは諦める。強硬な場合は分割で返す。金利を考えれば客の損、こちらの得になるんだが、全額とられるよりはと、しぶしぶ承知するものなんだ」

ある種のノウハウらしいのですが、これはI氏のオリジナルではなかったということです。彼が一九六〇年代から七〇年代にかけて、三木仙也《みきせんや》という男に聞かされた手口を、あくまでも思い出話として中江氏に伝えたのだ、と。というのは——。

「光クラブ事件」という有名な事件があります。終戦から間もない一九四八年に、一流大学に通う学生たちが東京・中野区に開業した高利貸しが急成長したものの、ほどなくして物価統制令、銀行法違反で摘発され、主犯格の学生が服毒自殺を遂げた事件です。東京大学法学部の山崎晃嗣《あきつぐ》といい、その優秀な成績と奇矯《ききょう》な言動から、しばしば「戦後アプレゲール（既存の価値観に縛られずに行動する若者）犯罪のチャンピオン」などと形容され、三島由紀夫の『青の時代』をはじめ、多くの小説や映画のモデルにもされてきました。

この山崎の片腕と言われた男が、日本医科大学の学生だった三木仙也氏です。I氏は、服役後名古屋まで流れてきた三木氏と知り合ったといい、彼がまたぞろ刑務所に容れられた際、その夫人の面倒を見ていたと、話してくれました。三木夫人がママをしているスナックを、当時は証券会社の歩合外務員のかたわら経営していたのがI氏、という関係だったそうです。

三愛経済研究所を起こしてからも続けていたそのスナックに、I氏はまだ成人したかしないかだった中江氏を誘っては、三木氏の話を聞かせてやったといいます。「証券会社にしか許されていない株式の売買契約書を発行することも、投資ジャーナルが得意とした〝一〇倍融資〟のテクニックも、中江が知ったのは、わたしの話が最初だったろう」とI氏は胸を張りました。

つまり、投資ジャーナル事件の原点には、光クラブ事件があったというのです。この事件を追いかけている大勢の記者たちの誰よりも早くつかんだ、大げさに表現すれば「戦後史の一断面」にたどり着いたような感覚に、わたしは快感を覚えました。

「中江君もたいした男になった。また一緒にやりたいものだ。あんたも、若いのになかなかのもんだよ。そのときは、こっち側に来るかい？」

別れぎわにI氏が残した冗談です。あわてて首を横に振りましたが、若造にしてはまずまずの取材だったな、と褒められたような気がして、実はなんだかうれしかったというのが正直な

スクープ特集

レポート5月

中江滋樹に株式指南の師が語る あの"悪徳商法"の㊙ルーツ

中江にはかつて「先生」と呼ぶ男がいた。あの投資ジャーナルの"悪徳商法"は意外なところにそのルーツがあった

斎藤貴男

著者が寄稿した月刊『宝石』1985年5月号の記事.

気持ちでした。

もっともわたしの特ダネは、『週刊文春』の連載では生かしてもらえませんでした。編集部の構想と離れすぎていたせいだったのかどうかは、よくわかりません。不満ではありましたが、この時のわたしにとっては、そんなことよりも、自分ひとりだけの工夫であれだけできたということの喜びと自信のほうが、ずっと大きかったのです。

ただ、せっかくの特ダネですから、捨ててしまうのはもったいなさすぎます。わたしはフリーのジャーナリストであって、とはいえ『週刊文春』の名刺と取材費を使っての仕事でしたから、編集長の了解をもらった上で他の出版社に持ちこみ、『宝石』という月刊誌に署名入りで書かせてもらいました。それなりの反響もあって、わたしはちょっと天狗になっています。二六歳がもうじき終わろうとしていました。

取材相手との関係

財界総本山と言われる経団連（現在は日本経団連）の会長人事を取材した経験も、わたしには宝物のような思い出です。一九八六年のことでした。

当時の稲山嘉寛《いなやまよしひろ》・経団連会長（新日鐵名誉会長）の任期がまもなく切れる、次は愛弟子《まなでし》の斎藤《さいとう》英四郎《えいしろう》・新日鐵会長か、平岩外四《ひらいわがいし》・東京電力会長か、の争いになっていました。元鉄鋼業界担当記者としては、絶好の腕の振るいどころです。

この件を特集するとプラン会議で話が出たので志願して取材チームに加わらせてもらい、「英四郎さんの取材なら任せてください」と大見得を切りました。重工業記者会に在籍していたので会ったことはありますが、本当はクラブの記者全員との会食で、彼の独演会を聞いただけ――ではあったのですが、肝心の財界ではあまり評判がよくないと伝えられていた斎藤会長にわたしは好感を抱いていたし、フリーで生き残るためには多少のハッタリも必要なんだと、それまでの一年間ほどで感じていた、週刊誌記者としての生活の知恵でもありました。

わたしはさっそく、久しぶりに新日鐵を訪れて、旧知のベテラン広報マンに斎藤会長へのインタビューを申し込みます。記者クラブのころとは対応が違ってくるのは仕方がないにしても、少し前までは毎日のように顔を合わせていた間柄なのだし、一定の配慮ぐらいはしてくれるはずだと思い込んでいたのが、わたしの甘いところです。

「わたしがよく知っているのは、『日本工業新聞』の斎藤貴男さんです。週刊誌の記者としての斎藤さんという人を、わたしは知りません」

けんもほろろとはこのことでした。企業の対応というのは、こちらの立場次第でこうも変わってしまうのか、と驚くと同時に、記者クラブという存在の大きさを思いました。どっぷり浸かっていたころは、そんなこと考えてもみなかった。

これでは編集部に戻れません。わたしはその晩、斎藤氏の自宅へ向かいました。東京都心の高層マンションの最上階です。大物財界人が住むマンションですから、当時でもオートロックが完備していたはずですが、どうにか突破して、エレベーターを降りると、そこがもう彼の自宅の玄関前です。セキュリティが飛躍的に厳しくなっている現在ではあり得ない事態ですね。

インターホンを押しても誰も出ません。財界担当記者にも追いかけられる毎日だろうから、ホテルにでも身を隠しているのかなと絶望しつつ、けれども待っている以外に方法が見当たらないわたしは、その場で座りこみました。でもやっぱり、いつまでも帰ってこない……。

「なんだ、君は！」

いつの間にか眠りこけていたわたしは、怒号で目を覚ましました。夫婦で知人の結婚式に出席していたとおぼしきいでたちで、時計はすでに零時を回っています。

あわてて名刺を出し、インタビューをさせてほしいとお願いしました。広報に頼んだら断られたことも話しました。

「わかった。広報にはわたしが伝えておく。あしたの午前中、会社に来なさい」

とんでもない非礼に対して、なんと堂々とした対応なのだろう。実際にも約束は果たされ、わたしはアンカーマンの社員編集者とともに斎藤氏ご本人に一時間近くもじっくり話をうかがうことができ、重ねて感激させられてしまうのです。

いかにもマスコミの都合だけの解釈だと言われると困るのですが、斎藤英四郎氏の態度には、エリートの強烈な矜持《きょうじ》が感じられました。彼に限りません。そう言えばわたしは、新日鐵の副社長から転じてきた電炉メーカーの新社長に、こんな話をしてもらったことがあります。

「いいかね斎藤君。われわれは君らに批判されてナンボだと思ってる。先輩にもそう教わってきた。それだけ社会的影響の大きな仕事をしているのだから当然だ。

君がこうして担当している電炉メーカーの、まあ業界では大物と言われているオーナー経営者が何人かいるわな。言ったら悪いが、彼らは目先の利益しか考えていない。だから批判されると、それだけで怒り狂う。われわれは違うよ。君もわたしやこの会社に何か言いたいことがあったら言いなさい。きちんと答えてあげるから」と。

鼻持ちならないエリート意識、ではあります。これで聞く耳がともなわなければ、すなわち独善です。わたしが一人前の週刊誌記者に見られたくてハッタリをかませたように、彼らの世界ではこうやって、懐の深さを絶えずアピールし続けることができた者だけが生き残る、ということでしかなかったのかもしれません。

この新社長が本当はどういう人だったのかは、それから間もなく『日本工業新聞』を辞めてしまったわたしはよく知らないままです。でも、いずれにしても彼は、いつ、何を書かれるかわからない記者に、こういう話をしてみせただけでも大したものだったと思います。ここには、取材する側と取材される側との、確かな緊張関係がありました。

最近はどうでしょう。わたし自身が年をとったせいもありますが、いわゆる偉い人たちが、そろいもそろって軽すぎる。エリートの自負どころか、批判する奴はみんな敵だ、覚えてろよ、訴えてやるからなと、こうなってしまう人たちが珍しくもなくなっているのですから。

斎藤英四郎氏へのインタビューが実現したにもかかわらず、しかし、経団連会長人事に関する記事は、わたしにとって実に不本意な形で掲載されてしまいました。本人の取材もできていない平岩氏を応援するような内容に仕上がっていたからです。せっかくのインタビューも、どうでもいい部分だけが、申しわけ程度に使われただけ。ハッキリ言って奇妙でした。

もちろん、斎藤氏寄りにすべきなのに、などと言いたいのではありません。ただ、無理な依頼に応えてくれた相手には、記者の側だって礼を尽くさなければならないはずなのです。たとえ批判するにしても、おのずから節度が求められる。あらゆる世界に共通する、それが人間の普遍的なルールだと、わたしは考えます。

どのような事情があったのか、真実はわかりません。しかし、二〇一一年の福島第一原発事故を受け、『「東京電力」研究　排除の系譜』(講談社、二〇一二年)という本を書くための取材をした現在のわたしには、おぼろげながら感じるものはあります。あれもまた、とりわけ原発をめぐって展開されてきた東京電力による、お金の力にものを言わせたマスコミ支配の、もしかしたらひとつの表れではなかったか。

だとしたら、斎藤氏への取材など、はじめから必要もなかったことになります。わたしのハッタリも努力も、まるでピエロだったということに。

『週刊文春』は『日本工業新聞』とは違って、業界紙ではありません。日本を代表する雑誌ジャーナリズム、ではあったのですが。ちなみにわたしを追い帰した新日鐵のベテラン広報とは、それから一〇年ほども経ったころでしたか、食事をする機会がありました。

――あのときは無礼をした上に、たいへんご迷惑をおかけしました。どうか許してください。

「いいんですよ、若いうちはあれくらいで。あなたがこうして独り立ちできたのも、ああいう経験を、生かしてくれたからだものね」

彼の真意がわかったように思いました。

取材した事実と記事の内容

懸命の努力の成果が記事に反映されなかったり、実際に取材した感触とはかけ離れた形で使われてしまうケースは、珍しいことではありません。一本の特集記事を複数でつくるスタイルに加えて、客観性が第一とされる新聞に比べると、宅配制度もなく部数競争が激しい週刊誌は個性を重視するぶん、編集長のスタンスや好みがストレートに反映されるので、どうしてもそうなりやすいのです。

ただ、斎藤英四郎vs平岩外四の場合は、データマンだったわたしだけではなく、アンカーマンにも取材に同行してもらっていただけに、ずいぶん悔しい思いをしました。このほかにも、わたしがお付き合いのあった関係で、真剣に本音の部分を語ってくれた人の話を、アンカーマンにからかうような調子で書かれてしまったことがあります。わたしは絶交されて、再び交際できるようになるまで、それから三〇年近くもかかりました。

あれれ、またまたネガティブな話題になっていますね。でも、そういうことを差し引いても、『週刊文春』はわたしの憧れであり続けてくれました。まぶしかった学生時代の追憶からではありません。現実の、いま現在の職場として、すばらしいと感じるところ、学びたいと思わせてくれるところが、たくさんあったのです。

たとえば一九八三年五月に秋田県の能代《のしろ》市沖で発生した日本海中部地震の取材です。マグニチュード七・七の大地震で、一〇四人の死者のなかには、津波で亡くなった一三人の児童が含まれていました。彼らは秋田県の山間部にある町の小学生たちで、男鹿《おじか》半島の海岸へ遠足に来て、津波に巻き込まれたのです。

亡くなった児童の遺族たちが、ややあって学校や教師たちの責任を問う形で、町を提訴しました。わたしはその取材チームの一員になりました。

新聞やテレビの報道から編集部が受けていた印象は、遺族らの「濫訴《らんそ》」（訴訟する権利の乱用）

です。大地震は予期せぬ自然災害なのだから、それにともなう津波で子どもたちを失ったことは気の毒ではあるけれども、その責任を教育行政に求めるというのは、筋が違うのではないか、という仮説です。

わたしたちは現地を訪れて、取材を進めました。すると、事実は編集部の見方とはかなり異なっていたのです。子どもたちは海岸で弁当を食べていたところを津波に呑みこまれています。経緯はこうでした。

地震は遠足のバスが海岸に向かっている途中で起きました。激しい揺れに電信柱が倒れる様子が窓から見えたそうです。それなのに、津波の警報も確かめず、引率の教員たちは、スケジュールを見直すことを怠《おこた》り、そのまま海岸に向かって、悲劇を招いた——。

津波が発生したあとに舟を出し、何人もの子どもたちを救助した漁師さんは言いました。

「俺たちが子どもを助けようとしているのに、先生たちは我先にと舟にしがみついてきた。あんたたちはあとだというのに離そうとしなくて、じゃまになって困った」

そんな話が次々に出てきたのです。そういうことなら、濫訴でも何でもない、正当な権利の行使ではありませんか。

わたしたちは取材の成果を電話で報告しました。編集部はすぐに納得してくれ、当初の方針

著者が手がけた『週刊文春』記事を集めたスクラップ帳.

とまったく反対の、すなわち遺族たちに寄り添い、学校や町の対応を問題視する記事を掲載することになりました。いちばん大事なのは事実ですから、当然ではあるのですが、なかなかそうもいかないのが現実です。

やはり同じような発想で取材をはじめたらしいライバル誌は、予定どおりに「濫訴」の線を強く打ち出していました。そうとは言えないことぐらい、現場の記者たちはわかったはずなのに。わたしは経団連会長人事での経験とも合わせ、報道というものは、書き方次第でどうにでもなってしまう危険があることを、とくにこの時期に思い知らされたような気がしています。

容疑者家族の訴え

報道される側の立場や、報道することがもつ影響力について深く考えさせられたのも、週刊誌記者の時代です。こんな取材の記憶が、いまも生々しく残っています。

未成年の女の子たちに売春をさせていた二つの風俗業者が、相次いで警視庁に摘発されました。四人のチームが二手に分かれて取材することになり、わたしもその一方に加わります。経営者らはすでに逮捕されていましたが、由々《ゆゆ》しき社会問題でもあるから掘り下げてみようというわけです。

あらかたの取材を終え、データ原稿もまとめて、あとはアンカーマンに任せるだけ、じゃあ俺たちは飲みにでも行くか、という段階になったとき、突然、編集部の直通電話が鳴りました。わたしが担当したほうの事件の容疑者の母親だというのです。『週刊文春』が取材をしていることを、名刺を渡した関係者の誰かから聞きつけたのでしょう。

「どうか息子の記事を書かないでほしい」と、泣いて訴えられました。彼女の話では、その容疑者には妹がいて、縁談が進んでいるところだというのです。週刊誌に書かれたら縁談が破談になってしまう、ですから――と。

そんなことを言われても、すでに彼の名前も顔写真も新聞には出てしまっています。本人も容疑を認めている、確かな事件だ。未成年の子に売春させていた男に同情する必要なんかない。でも、母親を名乗る女性の話が本当なら、自分たちの記事が、罪もない妹さんをより不幸のどん底に突き落とす結果を招きかねないのだとしたら？　そうまでしなければならないほどの意義が、この事件の報道にあるのか？

実は、もう一方のチームでも、似たような反応があったのです。こちらの事件の容疑者は、ある県で最も学力水準の高い名門女子高を卒業した女性でした。やや特殊な背景だということで、ひとりの記者が出張し、彼女の実家を訪れています。両親との面会はかなわず、インターホン越しに短い話ができただけだったそうなのですが、それで記者が帰りかけたところに、母親が追いかけてきて道の真ん中で土下座をし、「どうか書かないで」。「週刊誌に書かれたら、わたしたち一家は、この町を出て行かなければならなくなります」と懇願されたとか。

これだって、やはり新聞には名前も顔もさらされています。ではあるけれど、週刊誌は新聞や電車の中吊りに大見出しが躍った広告が出るので、あまり活字を読まない人の目にも触れやすい。喫茶店や美容院などにいつまでも置かれるから嫌だ、ということなのかもしれません。

わたしたちは侃々諤々《かんかんがくがく》、議論の末に、二人の容疑者ともに仮名にして、顔写真にも加工を施し、顔がわからないようにした記事に仕上げました。「やさしいよなあ、俺たちって。ハイエナ週刊誌の風上にも置けねえな」なんて、間違った語法の冗談を言い合いながら……。ところがこのときも、またもや同様の企画で競っていたライバル誌のほうは、二人の実名も写真も、まったく隠さない誌面になっていたのです。

取材し、報道することがもたらす傷

『週刊文春』の編集部で、わたしはマスコミの影響力について考えさせられる機会がすごく増えました。『日本工業新聞』時代にはあまり縁のなかった感覚です。産業界の限られた読者と取材先だけを対象に、互いに承知し合った関係のなかで成立している専門紙と、常に不特定多数を相手にしている軟派なメディアとの違いというわけです。

しかも週刊誌は、発行部数こそ数十万部で全国紙の足元にも及びませんが、その影響力は半端なものではありません。政治や経済の硬い話題でも誰もが理解できるように書かれているし、テレビのワイドショーなどで後追いされることもよくあります。

もちろん全国紙やテレビのパワーは、週刊誌とはまた別の次元で圧倒的です。テレビの視聴率が一パーセント上がると、視聴者は単純計算で約四〇万人も増加したことになるという報告があるほどです（関東地区の場合。ビデオリサーチ社のホームページより）。

実際、マスコミの報道によって人権を侵害されてしまう人もしばしば現れます。他人に知られたくないプライバシーを暴かれたり、先の母親の訴えのように、罪のない人までが好奇の目にさらされてしまったり。「報道被害」と呼ばれることが多いようです。

最悪なのは誤報による報道被害です。これだけは避けたいという意識はどんなジャーナリストにも共有されているはずなのですが、残念ながら、完全に排除することは困難です。ひとたび報じられたことは、あとで誤報でしたと伝えられても、人々の記憶からはなかなか消えていきません。現代だったら、ネット空間にもいつまでも残ります。こうなるとほとんど暴力ですね。

誤報でなくて事実であれば、それで傷つく人が出るのはやむを得ない、ということにもなりません。前記の例で言えば、妹の縁談がこわれたり、両親が地元で暮らせなくなるようなことになったとしたら、それでも報道する側に責任などないと威張っていられるのか、どうか。

犯罪報道の場合、あくまでも冤罪でない限りという条件つきでの話ですが、最も重い責任を負わなければならないのは、加害者自身です。しかし、それを報道するマスコミ、ジャーナリストの側は、絶えず自らの影響力を自覚しながら、慎重の上にも慎重を期しながら、仕事を進める姿勢が不可欠だと言えるでしょう。

ただし、報じる対象が市井《しせい》の人なのか、政治家や官僚、大企業の経営者などの公人であるかによっても、ジャーナリズム側の態度は変えていく必要があります。後者には当然、前者に対してよりも厳しい視線を向けなければなりません。ではあっても、彼らの周囲にも罪のない人々が暮らしている以上、一定の配慮を忘れてはならないと思います。

そんなことをわたしは、週刊誌の現場で、少しずつ考えはじめるようになりました。弁護士でもメディア研究者でもない、取材の当事者のことですから、体系的に、ではありません。目の前の仕事をこなしていく過程で、ひとつひとつ気付かされては、どうにか実践しようと心がけてはいた、という程度ではあったのですが。

再びの疑問

「なんでも取材してやろう」と意気揚々と週刊誌の世界に飛び込み、実際にも命じられるまま、実に多様な問題や事件を取材しました。ときに失敗して挫折感を味わいもしながら、ざっと一年半ほどの日々がすぎ、記者として将来もやっていけそうだ、というぐらいの自信がついてもきたころのことです。

わたしのなかでまたもや、別の疑問が湧いてきました。確かになんでもかんでも取材できてはいるのですが、「何かが違う」と。

なんという落ち着きのなさでしょう。さまざまなテーマを手がけつつ、わたしの関心はいつの間にか、その事件の背景にある経済的な事情、メカニズムへと向かってしまうのです。

産業専門紙にいたころは、業界の動きばかりを追っていることに疑問を感じていました。一方で、週刊誌の本質はヒューマン・インタレスト、すなわち誰もが関心をもってしまうもの、ということは人間そのもの。事件の現場でも、その加害者や被害者への人間的興味を中心に取材を進めます。新潮社の伝説的な名物編集者で、『週刊新潮』を創刊した斎藤十一《じゅういち》氏は、「うちの基本姿勢は俗物主義」「どんなに聖人ぶっても、一枚めくれば金、女。それが人間」の〝名言〟を残したとか。下品な表現ではありますが、これはこれで一面の真実なので、同誌以外の週刊誌が同様の路線に行き着くのもむべなるかな、ではあります。

ですからわたしの経済への関心というのも、人間そのものへの関心の延長線上にあるわけです。ただわたしの場合、単に事件の当事者の経済的な事情だけではなくて、彼ないし彼女をしてそうならしめた社会システムというか、経済政策とかビジネス環境とか政治体制といった大状況にもしっかりウェイトを乗せたジャーナリズムを展開したいと、漠然と考えるようになっていきました。

こんなふうに書いたらわかりやすいでしょうか。現代の世界経済はグローバル化しています。わたしたちの身のまわりにあるモノの多くは海外で製造されているという実態が表しているように、経済社会が一国のなかだけで完結することなどあり得ません。外国の株価や金融の状況など、つまりグローバル経済のありようがそのまま日本の経済や政治にインパクトを与え、わたしたちの生活を左右していきます。

したがって、人間を対象に取材すればするほど、経済のもつ重みが感じられてくるのです。経済というものを真正面に見据えたテーマを掲げながら、企業や業界の動静をレポートするだけではなく、社会全体やそこに生きる人間ひとりひとりとのかかわりを追求できるような、そんなジャーナリストになれたら——。

具体的な目標が芽生えてきた気がしました。

経済社会と人間のかかわりをテーマに

そんなころ、プレジデント社から、「うちに来ないか」という声をかけられました。ビジネス雑誌『プレジデント』を発行している外資系の出版社です。学年誌や漫画で知られる出版社・小学館の傘下に入った現在は隔週刊の、ビジネスマンの処世術特集を中心とする誌面で知られていますが、この一九八〇年代半ば当時は、戦国武将をはじめとする歴史上の人物にいかに学ぶか、という独特の路線と、企業戦略とビジネスの現場を深く取材した経済ノンフィクションの二本立て特集が評判を集めていた月刊誌で、急激に部数を伸ばしていた時期でした。

ここなら経済記者のスキルも、この間に培った週刊誌記者としての経験も、融合しながら仕事を進めていけるかもしれない。社員編集者というのは初めてだけど、それもまたいつの日か、自分なりに経済社会と人間のかかわりを追求していく取材活動を実現するためには、一度は通過しておくべきプロセスなのではあるまいか。そんな考えが、日に日に募っていきました。

経済的な事情もあります。『週刊文春』では、とくに人手が足りないというわけでもなかった時期に、幹部の口利きで無理やり押しこんでもらった立場ですから、なにしろ給料（正社員ではないので正確には「給与」ではなく、「原稿料」の形なのですが、歩合ではなく固定されたギャラでした）が安い。ところがプレジデント社では、さすが外資系らしいと言うべきか、新入社員でも同年代の先輩社員とほぼ同額の、今までのざっと三倍もの報酬を約束されたのです。

ただ、だからただちにプレジデント社へ、というふうにならなかったのは、何よりも、わたしを拾ってくれた文藝春秋社の幹部の方に申し訳ない、という思いがあったためです。まだたったの一年半、自己満足できた仕事がいくつかあったとはいうものの、ご恩返しと言えるほどのものは、とてもとても。編集部の同僚やデスクたちともよい関係を保てていましたし、軽いテーマの企画のときは、たまにですがアンカーマンも務めさせてもらえるようにもなっていました。

ですが、最後にはとにかく、いろんなことをやってみたい！　これに尽きました。会社員ではないのだから、自分で人事異動して、キャリアアップしていくんだ！　などと。わたしはプレジデント社のお誘いを受けることに決め、お世話になった方々に頭を何度も下げて、移籍しました。一九八五年の初夏のことでした。ところが――。

見ると聞くとは大違い。実際にやってみると、大きく違っていたのです。

わたしはそれまで、自分で取材して書く記者の仕事ばかりで、編集者というものをやったことがありません。どうせ似たようなもんだろ、ぐらいの認識でした。それはそのとおりなのですが、野球にたとえたら、ピッチャーとキャッチャーほどの差があります。『プレジデント』では、こんな具合でした。

編集者はそれぞれプランを考え、編集会議のプレゼンテーションで同僚や上司を説得し、編集長の方針とも整合性を図りつつ、自分のやりたい企画を通す。他から出てきた企画でも、そのときどきの部内事情によっては担当が回ってくることもある。どちらにしても、次に依頼する外部の書き手を誰にしたらよいのかを相談しながら、取材のアポイントを取り、カメラマンの手配もして、実際の取材にもできるだけ同行。書き手とのコミュニケーションを密にして、原稿の方向性を固める必要もあります。

で、上がってきた原稿を読み、必要に応じて書き直してもらう。あいまいな指摘では書き手が納得してくれませんし、といって注文が細かすぎれば、「そんならおまえが書けばいいじゃねえか。俺はオリる！」となってしまう。書き手としてのわたしも直情径行タイプでしたので、そこらへんの感情はよくわかります。最も気を遣うところです。

記事のタイトルや小見出しも編集者が考えます。なんでも入る器としての総合雑誌ではない、ピンポイントのように明快な編集方針が定まっていた『プレジデント』の編集者には、おそらくほかのどの雑誌の編集者よりも、きめ細かい作業が要求されていたように思えました。キャッチャーのなかでも、いまでは辛辣《しんらつ》な解説でおなじみの「ノムさん」こと、昔の南海ホークスの野村克也捕手のような、ＩＤ野球のキャッチャーでなくてはならなかったのです。

しかし、わたしは、書き手の経験だけしかない、それも若さに任せて、「オレが、オレが」と思い切りブン投げるだけの、粗削りもいいところのピッチャーでした。だから『プレジデント』の会議でも、「まだ表に出ていない、こんな情報があります。面白そうだから取材させてください」としか言えないので、そもそもプランが通らない。どんな書き手がいるのかも知りません。アポ取りは記者と同じですからまあいいとして、「他人が書いた原稿にアドバイスができるほど、俺は優秀じゃない」と思ってしまう――というと聞こえがよいのですが、早い話が他人の書いた原稿になどあまり興味が持てなかったのです。タイトルをつけるのに必要な、コピーライターのようなセンスも皆無だし、予定されたページ数に原稿をきちっと収めるための行数計算さえ、しょっちゅう間違えて――。

要するに、編集者として使い物になりませんでした。いつの間にか社内ライターのような、というか、外部の書き手に頼まずに自分だけで取材して書く企画をなんとか確保して、それ以外の仕事からは逃げまくるような、おかしな立場になってしまっていました。なんともコストパフォーマンスの悪いことで、わたしをスカウトしてくれた編集幹部も、困ったことでしょう。それでも同僚たちが仲良くしてくれていたことが、いま思い出しても不思議なほどです。

「自分で人事異動」の成果

そんなわけで、わたしはみんなに申し訳ないのと、まるで向いていない仕事にしがみついていても先が見えないと思ったのとで、わずか一年と一カ月でプレジデント社も去ることになったのですが、ここでの経験はとても有益でした。前述した二本立て特集のうち、もっぱら経済ノンフィクションのほうばかり担当したことで、ビジネスの世界の人間的な側面を中心に取材する経験を積ませてもらうことができ、『プレジデント』に移ってきたわたしの主たる目標は、一定程度はかなえられたのです。

社内ライターとしても、週刊誌の記事よりもはるかに長い、四〇〇字詰め原稿用紙で三〇枚を超える原稿を、毎月のように書かせてもらいました。ビッグ・ビジネスの話題はどうしても著名なライターにお願いすることになるので、わたしはベンチャー企業の新技術開発ストーリーとか、一時は急成長して経済マスコミの注目を集めたものの、どこかでつまずいて倒産に追いこまれたベンチャー経営者の反省の弁といったテーマに取り組むことが多かったです。

それで身にしみて思い知ったのは、構成の重要性です。書き出しをどのエピソードから入り、その次に……というふうに、読者の興味を引きながら、わかりやすく、書き手の問題意識をしっかり伝えるためには、どういう書き順で綴っていったら一番よいか。映画やドラマ、漫画などの分野でいう「絵コンテ」(映像の設計図)みたいなものですね。

これがいいかげんだと、三〇枚も書けませんし、無理に書いても、途中でわけがわからなくなってしまいます。実際にも何度かやらかして、叱られました。執筆に入る前に構成をまとめておく作業は、場合によっては執筆そのものよりも苦しいものですが、わたしは『プレジデント』のおかげで、少しは慣れて、楽しんでできるようになったと思えるようになれたのです。

何より大きな収穫は、ジャーナリストという仕事を、改めて再認識できたことです。自分には編集者のような器用な仕事は向いていない。あくまでも書き手、取材して書くだけの職人として、ただし経済社会と人間とのかかわりというテーマと署名ライターへの夢だけは忘れずに、できればライフワークにしていこうと、内心で誓いました。

4

誰の視点に立つか

—フリーであることの意味—

人間 human zoo 列伝

NTT株の売却益はどこに消えたのか？「そんなこと、関係ない」と思っている国民を、国は騙したのです。

国家による「詐欺犯罪」を暴いた

齋藤貴男 • *Takao Saito*

早稲田大学商学部卒業、日本工業新聞、『週刊文春』『プレジデント』編集部を経て独立。『NTT株の犯罪 国が騙した』が単行本、第1作目。第2作のテーマは漫画になる予定。1958年、東京生まれ。

「104番号案内の有料化や、ニューヨークでの上場といった問題を、『週刊文春』の記者時代に調べ始めたのが最初です。でも、NTTの話は難しい、読者の反応もそんなによくない、という理由でなかなか記事にはなりませんでした。でも、そこに見え隠れするいびつなシステムについて書くことが、私にとっては"やらなきゃいけないこと"なんだと思っていました」

「NTTの株をブームに乗って高値でつかまされた人たちが、株価の値下がりで損をする。これは、決して不自然なことではなく、買った人が悪いようにも見えますが、この裏に国の詐欺《さぎ》、犯罪が潜んでいるのです」

「10兆円にものぼったといわれるNTT株の売却益は、国の財政赤字解消のために使われるはずでした。そして、減税につながるはずだったのです。それが、ふたを開けてみると、公共事業にまわされていた。つまり、大部分の国民とは無縁の、官民の癒着《ゆちゃく》構造の中に売却益は消えていったのです」

仕事部屋の書棚には、"NTT株"などのタイトルがつけられたファイルや経済関係の本が並ぶ。

そして、漫画の単行本がかなりのスペースを占める。「次の本のテーマは漫画になると思います」と言った。また、「これが宝物なんですよ」と言って見せてくれたのは、『8《エイト》マン』の作者、桑田次郎のサイン色紙。昭和45年、小学6年生の時のものだ。

「損をした投資家を助けるという名目で、NTT株の値段を上げようという声がある。そんなことは言語道断です。それは、国による完全な株価操作ですからね。それで得をするのは、投資家ではなく国にちがいありません」

photo by Yuhki Nagaoka

「最近、バブル再燃を望む人たちがいる。バブルの状態は権力をもつ人たちにとってはあらゆる面で都合がいいようです。何か大きな失敗をしても、"バブルが弾けたから"と言い訳ができる。それで、責任をとらなくてもすむ。バブル再燃は権力者たちの統一されたコンセンサスかもしれません」

7月18日の選挙で「政治改革」が国民の審判を受けることになった。選挙は、国が国民を騙《だま》すという点で顕著な例のように思えるが。

「投票するはうにしても、企業ぐるみ選挙に応じてしまうような奴隷根性を捨て去ることができないかぎり、何も変わりっこない。本当は選挙以前の問題ですが、日本のサラリーマンたちが社宅に住み続けるかぎり、真の個人生活なんて生まれません」と手厳しい。

「そのうち、『社畜人ヤプー』という本でも書いてみましょうか」と笑った。

（取材・文／近藤邦雄）

1987年2月9日、新規上場したNTT株の公開価格は、額面の5万円に対して、119万7000円。某大手証券会社の「実力は70万〜80万円」という試算を大蔵省が隠したという。最近では80万円台だが、最高値は318万円を記録した。

国が騙した
文藝春秋・1500円

初めての著書『国が騙した——ＮＴＴ株の犯罪』が刊行され，著者インタビュー記事が雑誌に掲載された(『Bart』1993年7月26日号).

「二年で辞めなさい」

プレジデント社を退社したわたしは、再び『週刊文春』に復帰させてもらえることになりました。「僕にはやはり記者しかできないんです」と何度も何度も、コメツキバッタのように頭を下げて。

ただし待遇は以前と同じ。ということはプレジデント社に留まった場合の三分の一です。それでもわたしは、もう、あまり回り道はしたくなかった。「自分で人事異動」もこれで最後。いつの日かフリージャーナリストとして独立するためには、こうするのが一番だと考えました。つくづく自分勝手で虫のよい男ですね。当時の編集長には、「出戻り記者なんて初めてだ」と呆《あき》れられました。

わたしは文藝春秋社の幹部のところに挨拶に行きました。第3章で触れた高校の後輩のお父上、つまりわたしを最初に『週刊文春』につないでくれた恩人です。復帰を認めていただいた温情にお礼を述べるためでしたが、話は思わぬ方向に展開していきます。

「こんどはどこかに誘われても軽々しく動かないこと。いいね」

――はい。

「ただし、二年で辞めなさい」

――え？

この間の思いや行動については逐一報告し、了解を取っていたつもりでした。でも、やはり許してはもらえていないのだと思い、一喝を覚悟したのですが、その人は、

「週刊誌の契約記者というのはたいへんだが、慣れてしまえばどうにでもできてしまう部分もないわけじゃない。ウチの場合は固定給があるし、取材費も出るからね。それでズルズル年を取り、だからって社員じゃないから出世できるわけでもないまま、結局、なにもできなかったという人を、わたしはたくさん見てきた。

だから若いうちに独立して、本物のプロになれ。メドは二年後だ。それで署名ライターとしてウチの雑誌に書けるくらいに育ってくれたら、わたしも君を入れてやった甲斐がある」

これ以上はない教えです。恩人の名は田中健五さん。煩雑《はんざつ》を避けるため、ここまでお名前を伏せてきました。わたしにジャーナリズムへの目を開かせてくれ、明確な道筋までつけてくれた元『週刊文春』編集長は、この時、文藝春秋社の専務の地位にありました。

『週刊文春』への恩義は、仕事で返していけばいい――。戻った当初の落ち着かない感じは、そう思いこむことで、少しずつクリアできそうにはなっていきました。それはよかったのですが、慣れてきたらきたで、またしてもわたしの悪いクセが顔を出します。調子に乗って、舞い上がってしまう。

この頃のわたしは、仕事のかたわら、著名なノンフィクション作家だった上之郷利昭さんのお手伝いもしていました。例の「ニュージャーナリズム」の旗手として活躍された、憧れの大先輩です。わたしの学生時代に『週刊文春』で連載されていた「廃墟からの旅立ち――安宅マン三千六百人その後」という作品がとても温かくて、目標にもさせてもらっていた方です。

その上之郷さんに落とされたカミナリが忘れられません。同年輩の仲間たちと、事務所で雑談をしていた時のことです。わたしは出戻りの件を話していて、つい、

「ま、文春もさ、俺の実力を評価しないわけにはいかないってことなんじゃねえの?」

なんて口走ってしまった。もちろん冗談のつもりなのですが、思い上がった気持ちがゼロだったとは言い切れないのも事実です。

すると、別室で原稿を書いていたはずの上之郷さんが、えらい剣幕《けんまく》で飛んできて、

「おい、今のセリフは取り消せ。おまえみたいなヒヨッコに、評価もへったくれもあるか。

この大バカが。ダメな奴がダメな奴なりに必死なのが気の毒がられたのと、もともとが(田中)健五さんの口利きだからってだけの話だろう」

その通りでした。恥ずかしくなって、うなだれていると、上之郷さんは、

「貴男な。いいか、もっと謙虚になれ。そうでないと、お前は一生、何をやっても、モノにならないぞ。こんどまたああいうことを言ったら、俺はお前を見限るからそう思え」

と諭《さと》してくれたのです。上之郷さんには取材の仕方や原稿の書き方も教わりましたが、この一言が最高でした。二〇〇六年に亡くなってしまわれましたが、わたしにとっては永遠の先生です。

「梅田事件」をめぐって

こうして一九八六年夏、わたしは『週刊文春』での再スタートを切ったのですが、間もなく取材というものに対する自分の意識が、いつの間にかずいぶん変わっていることに気づきます。なぜ、何のために、自分は取材をするのか。書いてどうしようというのか。そんな思いが時おり胸をよぎることが増えていきました。

きっかけのひとつは、復帰の直後にデータマンとして取材した「梅田事件」です。思えば今

日に至るわたしのスタンスは、この取材から導かれたと言ってもよいかもしれません。

　戦後も間もない一九五〇年から五一年にかけて、北海道内の営林署の職員が二人、公金とともに失踪するという事件がありました。営林署とは国有林の保護・管理を行う官庁です。当初は横領事件かと思われましたが、やがて職員の白骨死体が発見されて、殺人事件の捜査に切り替わり、当時二八歳だった梅田義光《よしみつ》さんが共犯の疑いで逮捕されます。

　梅田さんは犯行を「自白」し、最高裁で無期懲役が確定することになるのですが、裁判では終始、無実を主張しました。自白は警察に拷問を受けて強要されたのだ、と。

　再審請求を重ねた梅田さんは、ようやく一九八六年八月、釧路《くしろ》地裁で無罪を勝ち取ります。すでに仮出所してはいましたが、本人の強い意思がなければ、死ぬまで殺人犯の汚名を着せられたままであったことは間違いありません。

『週刊文春』の企画は、無実の梅田さんを犯人に仕立て上げた当時の警察官や検察官、裁判官らに、「今のお気持ちは」と聞いてくる、というものです。取材班の一員になったわたしは、すごく刺激的なプランだとは思いつつも、内心は不安でいっぱいでした。その連中はきっと全国に散らばっちまっているだろう。見つけ出しても逃げまくるか、「あいつは絶対にやってる」と開き直るかのどっちかに決まってるし、取材が成立するんだろうか、などと。

ところが、これが大違い。だから取材はやめられないのです。裏切られる喜び、とでも言うべきでしょうか。

彼らの居所は簡単にわかりました。梅田さんの再審請求を支援していたグループがすべて割り出していたのです。わたしはそのリストをもとに、道内各地を歩きました。

事件を担当した北見警察署の元刑事は、わたしの取材にこう答えたものです。

「自分は一番、下っ端だったからね。取り調べに当たった捜査官が「犯人は梅田だ」と言うから、そう思ったまでだ。その頃はねえ、物証なんて、ねえ……。それがないからどうこうなんて、そんなに頭が働いたらね、今ごろ、警視総監になってるよね」

上司に従ったまでであり、何の責任もない、というわけです。

では、その上司はどうか。北見警察署の元刑事課長への取材では、わたしは怒りのあまり、ほとんど口論になってしまいました。

「わたしは捜査本部の小間使いでしかなかったんだ。警察は組織なんだから、責任は刑事課長の職にあるんで、わたし個人にはないんだよ。そんなことも知らんで、ヤボなことを聞くんじゃない。とにかく、わたしはなにも関係なし！」

元刑事課長は、ものすごい剣幕でそうまくしたてたのです。帰り道、玄関から門扉までの飛び石で、家族の方が、「父が失礼を申し上げました」と謝ってくれました。

さらにまた、札幌高裁で一審の無期懲役判決を支持した元判事はこう言ってのけました。

「わたしはそれまで民事事件の担当だったのですが、人手が足りないというので結審の時だけあの事件に関わる羽目になったんです。調べ直したいとは思ったが、少数意見は通らない。多数説に従うしかありませんでした。それでも我々は、十分かつ誠実に努力をして判決を書いた。再審制度そのものに問題があるのです。なぜ再審を許したのか。「疑わしきは自由」なら、判決などいくらでもひっくり返せます。自分の判決がすべて正しいとは思わない。それによって傷を受ける人が出ることは避けがたいとも承知しています。しかし、一度判決書に書かれたことは、国家の意志でもあるんですよ」

自分の行為や判断が、梅田さんの人生を狂わせた。無実の人間に罪を着せた。当時の警察や司法関係者たちの言葉からは、そんな悔いや反省は微塵《みじん》も伝わってきませんでした。彼らのような言い分がとおるのであれば、権力の側にいる人はどこまでも無責任に、権力を行使できてしまいます。人間が他の動物と違うのは、ものを考えたり、善悪の判断を下したりするからでしょう。この人たちは、自らが人間であることを放棄しているようにさえ思えてきて、背筋が寒くなりました。

とくに元判事の発言からは、真実などどうでもよい、国家の代理人たる裁判官が有罪と決めたら有罪なんだ、とでも言いたげな本音がかいま見えました。冤罪だろうと死刑を言い渡したら吊るせばよい、と。

今になってふり返ってみると、これはこれで裁判というものの本質を語ってくれていたのかもしれない、と考えてしまうこともあります。同感だということではありませんよ。ただ、どれほど捜査や審理を尽くしたとしても、事件の真相になど容易にたどり着けるものではない、司法も他の社会システムと同様に、どこかで割り切ってしまうことでしか成立し得ないのではないか、ということです。

梅田事件 拷問冤罪で指さされて
元取調べ官のしどろもどろ

疑わしきは罰せず、というような曖昧な判決ではなかった。拷問が行われ、そのため善良な市民が無実の罪に落とされたとハッキリ断定したのである。となると、拷問した人間たちの責任が当然問われなければならない。当時の取調べ官たちも今は老人。気の毒かもしれないが、しかし罪は指摘されねばならない。

著者が取材した「梅田事件」の『週刊文春』記事(1986年9月11日号).

ですからわたしは、二〇〇九年に開始された裁判員制度に、今でも反対なのです。しょせん完璧でない刑事裁判に一般市民が参加して、その合議による判決を言い渡された被告は、役割としての裁判官に、ではなく、社会全体から否定されたことになる。それがもしも冤罪だったとしたら——。

もっとも、このあたりの議論は本書の趣旨から大幅に逸脱しかねません。詳しくは別の機会に改めましょう。

とにかくわたしはあの時に、ジャーナリストとしての大きな転機を迎えたような気がします。それ以前にも、国家権力の冷酷な素顔に触れる機会はありましたが、ここまであからさまに、彼らのむき出しの選民意識や、市井の人間の人生を軽んじる姿勢を感じ取ったことは初めてでした。

善意の市民を「犯人」に

「梅田事件」は、終戦後の混乱期に起こった例外的な事件だったのでしょうか。違います。最近でも幼稚園バスの運転手をしていた男性が栃木県足利市での幼女殺人の犯人とされ、無期懲役が確定して服役したのちに冤罪が認められて釈放された事件がありました(足利事件、二〇〇九年)。『週刊文春』時代のわたしも、これほど大きな事件ではないのですが、「梅田事件」の取材から二年後の一九八八年にも、ひどい事件を取材しています。

大阪府堺市に住む主婦が、夫の経営する小さなスーパーマーケットで買い物客が拾った現金一五万円入りの封筒を、代わりに近所の交番に届けました。三日後、拾い主の問い合わせを受けてその交番に電話をし、落とし主が現れたかどうかを尋ねると、「そんな届けは出ていない」。いぶかしむ主婦は、その日のうちに窃盗の捜査の対象にされてしまいます。実は一五万円をネコババしたのは、落し物の届けを受けた警察官に他ならなかったのですが、所轄の堺南警察署は身内(ネコババした警察官の父親も警察官だった)を守るために、善意の市民を犯人に仕立てあげようとしたのです。さまざまな偽装工作が行われ、妊娠していた主婦を留置場に放り込むために、都合のよい診断書を産婦人科医に書かせようとさえしました。

ある大手紙の地方版で報じられた事件の後追い取材だったので、この事件に関わった警察官たちは、すでに散り散りになっていました。といっても警察権力を乱用して無実の人間を陥れようとした罪で左遷されたのではありません。恐ろしいことに、彼らはそろって〝栄転〟を遂げていたのです。

犯人でっち上げの中心だった堺南署の元署長は、彼らの間では格上とされる、大阪のターミナル駅天王寺にほど近い阿倍野警察署の署長になっていました。この男は、わたしが取材に訪れたとたん、「誰か来てくれ!」と絶叫し、わたしはその声で集まってきた大勢の屈強な警察官たちに羽交い締めにされて、署の外に放り出されてしまいます。「帰れ! ここは警察やぞ」という捨てゼリフが、「暴力団事務所やぞ」に聞こえました。

大阪府警

警官が十五万円ネコババして

届けた妊婦がうけたひどい仕打ち

福岡の強盗警官も酷い。しかし、内容からいえばこっちのほうが悪質ではなかろうか。ネコババしたのは十五万円でも、それをゴマカすために、妊娠している女性を警察署ぐるみで犯人に仕立てあげようとした前代未聞の犯罪である。なぜ署長ら幹部はクビにならないのか。

なかなか腰を上げない警察

著者が取材した警官「ネコババ」事件の『週刊文春』記事(1988年6月9日号).

自分たちの組織を守るためなら、善良な市民を犯人に仕立てあげることもためらわない。いくらなんでも警察がここまでの犯罪行為を日常的に重ねているとは思いませんが、権力を握っている人間がその気になれば、この程度のことは、簡単にできてしまうのも確かなのです。だったらやはり、誰かがきちんとチェックしていなければなりません。それこそがジャーナリストたるものの役割なのではないか——。

梅田事件も堺のネコババ警察官事件も、わたしがこの時期に取材したテーマのいくつかは、権力を握る立場にある人々のもうひとつの顔をはっきりと見せつけるものでした。弱い立場の者に対する残忍で狡猾《こうかつ》な眼差し。こうした取材を経験しながら、わたしはジャーナリストとしての自分のスタンスを見つめ直すことになっていきます。

思えばこのころが一番、充実していました。『週刊文春』はわたしの青春道場だったのです。

週刊誌に求められる取材方法への違和感

週刊誌の編集部がわたしに求める仕事は、しかし、そうした問題意識とは、必ずしも一致しません。しかも当時の週刊誌は、一九八〇年代前半を席巻した写真週刊誌ブームの影響をまともに受けていました。一九八一年に創刊されて大いに売れた『フォーカス』(新潮社)をはじめ、『フライデー』(講談社、一九八四年)、『フラッシュ』(光文社、一九八六年)等々。文藝春秋社からも一九八五年に『エンマ』という雑誌が創刊されています。

いずれの誌面も大判の写真がメインです。それらが暴く芸能人や政治家のプライバシー、事件現場の衝撃的な写真の数々が、絶えず世の中を騒がせました。創刊早々の『エンマ』も、乗員乗客五二四名中、五二〇名が犠牲となった、あの日航機墜落事故(一九八五年)直後の遺体が散乱している現場写真を掲載して、賛否両論を巻き起こしました。

写真週刊誌ブーム自体はさほど長続きしませんでしたが(『エンマ』は一九八七年五月に廃刊)、週刊誌もまた、そうした過激路線の影響と無縁ではいられなかったのです。取材対象者の迷惑を顧みず自宅に押しかけ、何度もインターホンを押す。玄関のドアが開いたらこっちのものとばかりに、自分の足を踏み入れて閉められないようにする。「あなたには答える義務がある!」

と居丈高《いたけだか》に迫る……。そんな取材方法こそがベストとされる雰囲気が、八〇年代の週刊誌にはありました。

当時も今も、わたしはその種の取材方法が苦手です。自分なりの方法で成果を挙げているのだからいいじゃないか、と考えていました。とくに『週刊文春』での後半──一九八八～八九年ごろには、たまたまですが、どんな取材をしてもまずまずの結果を出せたケースが続いたので、誰に文句を言われることもありませんでした。

ただ一方で、ジャーナリストとしてのスタンスについて、自問自答する場面が増えていきました。流行の過激な取材方法には嫌悪感を抱かされることもままありました。第3章でも触れた報道の「暴力性」が、これでは強まっていく一方ではないのか。

きれいごとだけで言っているのではありません。相手次第では有効な場合もないわけではないと思います。ですが、こんなやり方がスタンダードになってしまったら、よい記事、深みのある報道につながるとは考えにくい。自分にはもっとやるべきことがあるのではないか──。

「あの人はいま」の取材で

こんなことがありました。週刊誌によくある「あの人はいま」の特集です。夏休みやゴールデンウィークの合併号などで、つまり次の発売日までの日数が普段より長くなる時に、〝腐りにくいネタ〟として企画されます。

かつてのスターや、事件を起こして注目された人物が、いま、どこで何をしているのか。わたしが任されたのは、あるアイディア商法で一世を風靡《ふうび》したが、いつの間にか表舞台から消えていた女性の取材です。調べてみると、離婚した元夫が西日本のある地方都市に住んでいることがわかりました。

わたしは彼の自宅を訪れます。仮に女性のその後を追いかけきれなくても、この元夫の証言を得ることができたら、一本一本は短い「あの人はいま」の記事には十分です。

夜の八時ごろでしたか、玄関の前に立ったわたしは、インターホンのボタンを押しかけました。歓迎される取材でないことはわかりきっています。だったらとにかくドアを開けさせて、相手にあまり考えさせないうちに取材を進めてしまうというのが、この時期の週刊誌記者のパターンだったのですが、なぜか、その指が止まってしまった。

あまり評判のよくない女性ではあったようですが、だからといって別れた元夫にまで強引な取材が許されるはずもありません。それに、もしも再婚されていたら、先妻について語ってほしいだなんて、現在の奥様にはあまりにも失礼な話です。

携帯電話などない時代です。わたしは公衆電話ボックスを探し、そこから元夫の家に電話をしました。取材の趣旨を説明し、ご迷惑だと思うが、すぐ近くまで来ているので、ぜひうかがって、お話を聞かせていただけないかと率直に伝えます。言いながら、俺はどうしてこう余計なことばっかり考えちゃうのかな、これじゃあ簡単に断られちまうなどと、いささか自己嫌悪にも陥りながら。

するると意外な反応が返ってきました。受話器の向こうで、彼はこう言うのです。

「今まで、いろんな記者が同じような取材に来たけど、まず電話をかけてくれたのはあんたが初めてだ。再婚相手のことまで気にかけてくれたって？　嬉しいね。気に入った。いいですよ、家に来てください。もらいものの酒もあるから、飲もうじゃないか」

取材は大成功でした。当の女性はすでに亡くなっているということでしたが、彼女の人柄から離婚の経緯まで、この方は洗いざらいしゃべってくれたのです。我ながら悠長なやり方が、かえって功を奏した格好です。

もっとも、取材の成果が日の目を見ることはありませんでした。本人が亡くなってしまっているんじゃあ、ということだったか、別の理由だったのかは覚えていないのですが、いずれにせよ「あの人はいま」の特集から、この女性の話は外されたのです。

わたしは満足でした。取材に応じてくれたとはいっても、あの人は書いてほしくて話したわけじゃない。ボツになって、正直、ホッとしました。

同時に考えました。あのまま強引に押しかけて相手の怒りを買い、取材に応じてもらえずに、やむなく周辺から真偽も定かでない情報を集めて適当に書いていたとしたら、と。

過去にそういう記事を書いたことがないとは言いません。ただこの場合、元夫の人柄も知ってしまった今となっては、それだけはしなくてよかったと、胸をなで下ろしたのです。

それから、もうひとつ。どんな時でも、取材には誠意をもって当たろう。相手に話してもらうためにはあらゆる手段を尽くすし、それが無茶だったり無礼だったりすることもあるだろうけれども、自分自身に恥じずに済むやり方をとっている限り、たとえ失敗しても後悔しないでいられる。確率は低いかもしれないが、誠意を尽くせばわかってくれる相手は少なくないに違いない。そうしたら、深い取材だってできるはずだ――。

フリージャーナリストに

一九九〇年の秋、娘が生まれました。産後がたいへんで、わたしは仕事を一カ月ほど休まざるを得ませんでした。このような場合、会社員なら有給休暇とか、さまざまな就業規則があるのでしょうが、わたしはフリーの契約記者です。『週刊文春』でも、最近はきちんと契約書を交わすのが通例になっているそうなのですが、当時はそんなものはなく、極端な言い方をすれば、口約束だけで働かせてもらっているようなものだったのが実情です。

ということは、逆に考えると縛りもゆるい。事情が事情なのだし、休んだ分の給料は出ないのだから、それで咎《とが》められることもないだろうと、高をくくっていたのも確かです。

ところが、デスクに事情を話し、しばらく休ませてほしい旨を伝えると、たっぷり嫌みを言われました。

「一カ月も休んだら、もう居場所ないよ」

だとしても子どもが大事です。『週刊文春』の編集部で自分なりに築いたポジションが、こうも簡単に壊れてしまうのかと残念ではあったものの、それならそれで仕方がありません。また一からやり直すしかないかと考えた瞬間です。

「だいたい貴男ちゃん、この一年くらい、ずっとおかしかったよ。結婚して、子どもができたとわかったころから、仕事が手についてなかったろう」

思い当たる節がなかったわけではありません。復帰以来、実績を少しずつ積み上げて、一時は毎週のように大きな記事のアンカーマンを任され、署名で書かせてもらったこともあったのに、そう言えばここ数カ月間というもの、なんとなく浮いているような気がしてもいました。慣れか。慢心か。あるいはデスクの言うように、家庭生活にウェイトをかけすぎた報いか。だったら最初からそう言えよ、バカヤローと思いかけて、やめました。編集部には、社員でもないわたしを教育してやらなければならない義理などないのです。契約記者とはいえ、あくまでもフリーであって、使えれば使うし、使えなければ使わない。それだけ。常に自分自身をコントロールできて初めて、プロフェッショナルのはしくれなのです。

わたしにはそれができていなかった。気づいた時には手遅れでした。

デスクは畳みかけてきます。

「それに、取材にかかる前に、ああだこうだと考えすぎる。○○を見ろよ。あいつは割り当てが決まるとすぐに飛び出していく。まず体を動かす。週刊誌の記者はそうでなきゃ」

わたしは前項で書いた「あの人はいま」の取材を思い出しました。それもまたその通りかもしれない。ただ、この点をわたし自身は、むしろジャーナリストとしてそれだけ成長したつもりでいたのですが、いずれにせよ、編集部が求める人材と自分とは、もはやズレてしまっているということはわかりました。

「潮時だな」

と感じました。その場でどう答えたのかは覚えていません。再び病院に向かう帰り道で、『週刊文春』に復帰した際の田中健五さんの言葉を幾度も反芻《はんすう》していたことだけが記憶に残っています。

「二年で辞めなさい」——

復帰してから、すでに四年半近くが経っていました。二年がメドのはずが、その倍以上です。デスクの言うことは一面の真実ではあるのだろう。しかし今の自分にとっては、生まれたばかりの赤ちゃんと、産んでくれた妻こそが最優先だ。仕事のことだって、それは現在の『週刊文春』が求める記者像に合わなくなったというだけで、わたしがジャーナリストとして無能だということにはならないはずだ。

結論。いずれにしても、あれは事実上の戦力外通告にほかならない。週刊誌記者としてのわたしの賞味期限は切れている。無理に頼み込んで居残らせてもらったところで、二軍ズレした、不平不満ばかりの多い、本当のダメ記者になるだけじゃないか。

だったら潔く身を引こう。妻子を抱えての独立は恐いけど、退《ひ》きどきは誤るまい。この際、思い切って自分の理想を目指していこう。

背中を押されてしまったわたしは一九九〇年いっぱいで『週刊文春』を円満に辞め、現在に至るフリージャーナリストの道を歩みはじめます。

誰も取材したがらないテーマを

独立して何よりも心がけたのは、みんながあまり取り扱わないテーマ、掘り下げていないテーマを書こう、ということでした。他人と同じ取材しかできないのでは、フリーの存在意義はありません。組織力がないぶん不利なだけです。

そうして最初に手がけた大仕事が、NTT株に関する取材です。NTTはかつての日本電信電話公社が一九八五年四月に民営化されて誕生したビッグ・ビジネス。ちなみに現在のJR各社とJT(日本たばこ産業)も、以前はそれぞれ日本国有鉄道(国鉄)、日本専売公社と呼ばれた公共企業体が民営化された姿です。

NTTの民営化をめぐっては、あらゆる新聞や雑誌が、さまざまな問題を分析していました。なかでも目立ったのが、民営化に伴って売り出されたNTT株の株価が操作されていたのではないか、という指摘です。確かに、一九八六年一一月に第一次放出が行われ、翌八七年二月、額面五万円に対して一一九万七〇〇〇円の公開価格で東証一部に上場されると、たちまち急騰。三カ月目には三一八万円にまで達した経緯はすさまじすぎました。当時の日本社会はバブル経済(投機によって、実体経済とはかけ離れた相場や景気が導かれること)が膨らみつつあった時期であり、それはNTT株の株価操作によって演出された側面も否めなかったのです。

しかし、わたしは、むしろつり上げられた株価で国が得た売却収入の使い道に注目しました。もともとは公社で、ほとんど国営事業の——ということは国民の税金によって形成された——財産だったものが、そのまま一民間企業に引き継がれるということからして釈然としません。一民間企業に引き継がれた「国民の財産」がどのように使われるのかが問われなければならないと考えました。株式の売却益の使途はその意味でも重大だと思ったのです。

ところが、なぜか、こうした視点からの問題提起は極端に少なかった。週刊誌記者のころから何度もプラン会議で提案したのに採用されなかった経緯もあって、誰も取り上げないNTT株の売却収入に関する問題に、本格的に取り組んでみたいと考えました。

公共事業に消えた「国民の財産」

NTT株の売却収入に関しては、政府自身が「国民共有の財産」としていました。それゆえにという理屈で、株式の売却で得られた利益は、赤字国債の償還財源に充てる方針が強調されました。現在も消費税の増税をめぐって常に取り沙汰される財政難の議論は、もう三〇年以上も前から、何度となくくり返されてきているのです。

ところが、そんなものは大嘘——と言って悪ければ、とんでもないごまかしでした。NTT株の売却収入の大半は、無利子融資の形で公共事業に費やされています。一般歳出とは別枠で、NTT株の売却収入から例年一兆三〇〇〇億円がここに充てられていきました。当時の一般歳出に占める公共事業関連費が約六兆円前後だったことに照らすと、その規模の大きさがわかると思います。

NTT株売却収入による無利子融資制度は、A、B、Cの三タイプに分かれていました(一三三ページの図参照)。

Aタイプは収益回収型。周辺地域の緑化や関連道路の拡幅・整備を伴う市街地の駐車場など、完成後に得られる収益で元本が返済される仕組みです。これだけならさほどの問題は生じません。

問題はBタイプの補助金型と、Cタイプの民活型。Bはあくまで融資の形をとりますが、返済のつど国から同額の補助金や負担金が地方自治体に交付されるという、奇妙キテレツな仕組みです。実態は通常の公共事業と何ら変わらないわけですね。

Cの「民活」というのは、当時の流行語だった「民間活用」の略称です。官民共同の企業体

（第三セクター）が行う事業のうち、社会基盤整備を促進すると国が認めたものに、日本開発銀行（現・日本政策投資銀行）などを通して無利子で資金を貸しつけます。

三つのタイプのうち、全体の九割近くを占めたのがBタイプです。巨大ダムや道路の建設などの公共事業には環境破壊や税金の無駄づかい、政財官界の癒着を指摘する批判がつきものですが、この仕組みがそれらの弊害をとめどなく拡大させ、悪化させた罪は明々白々でした。

公共事業は本来、社会的な基盤整備が遅れている地域などの格差を、国の責任で是正するために行われるものです。にもかかわらず、NTT株売却収入による無利子融資制度は、政治家やゼネコン、監督官庁などにこの理念を以前にも増して見失わさせ、利権の道具以上でも以下でもないものに堕落させていきました。Cタイプはリタイプで、Bタイプに比べたらはるかに小規模だったにしろ、折から施行された「リゾート法」（総合保養地域整備法）などを通じ、地方の乱開発を招いてしまいました。

アメリカに「内需拡大」を迫られていた時期の話です。日本からの輸入が増えすぎ、国内産業からの突き上げを食ったアメリカ政府は、日本国内の需要拡大を要求し、その分だけ対米輸出を減らさせる外交方針を採っていました。NTT株の売却収入は格好の財源になり得ます。

無利子融資の制度をひねり出した官僚のひとりは、わたしの取材に悪びれもせず、自画自賛し

図　NTT株売却収入による無利子融資制度

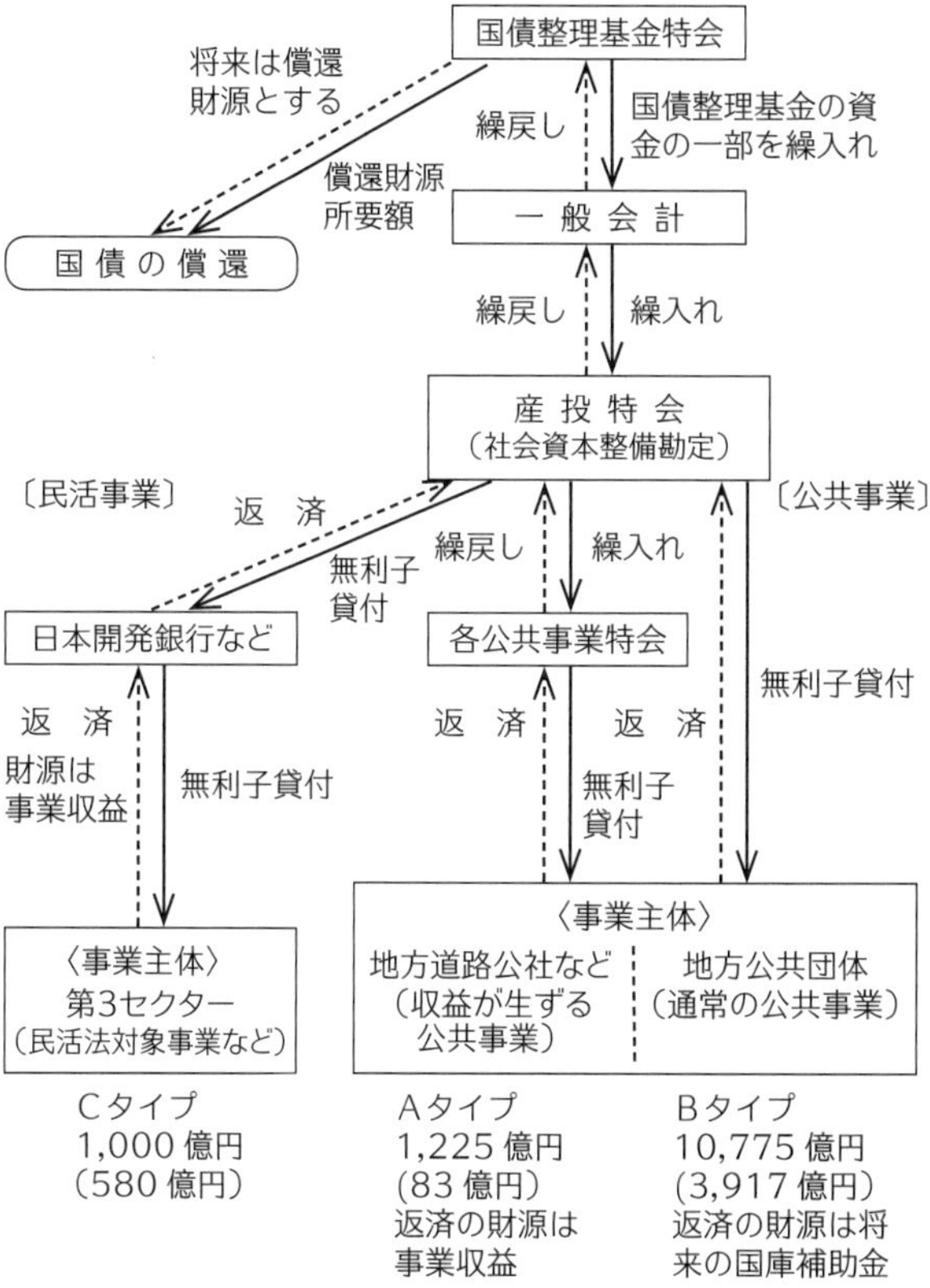

注：数字は1988年度予算額，ただしカッコ内は1987年度補正予算額.
出典：涌井洋治編『解説NTT株売払収入の無利子貸付金制度』(大成出版社，1988年)の図をもとに作成.

たものです。

「財政再建の旗は降ろさない。ですからNTT株の売却収入を最終的に国債償還に充てる法律は改正していません。しかしその一方で、緊急に内需拡大をやらないといけない。両方の要請を満たす、たいへんに工夫された制度なんです」

利権政治家やゼネコンの丸儲けや、アメリカの顔色をうかがったツケを支払わされるのは、どこまでも納税者です。それをごまかし、たばかっておいて、なんという厚顔無恥！　この取材でもまたわたしは、改めて、権力を握る側の人々の「本性」を思い知らされました。

初めての著書

NTT株というものの全体像を探ろうとするわたしの構想は、月刊誌『文藝春秋』を舞台に滑り出しました。一九九一年七月号に掲載された「漂う巨象・NTT」は、民営化後に激化した分割をめぐる郵政省（現・総務省）との対立構造を追ったルポルタージュ。そして、まさに「NTT株物語」と題した連載ルポを産経新聞社の月刊誌『正論』に合計五回、掲載させてもらうことができたのです（一九九二年七〜一一月号）。

なんだか隔世の感があります。あまり詳しくは書きたくないのですが、現在では『文藝春秋』も『正論』も、わたしとはまったく縁のない存在になりました。いずれも当時から保守を標榜する総合誌とオピニオン誌ではあったのですが、そのぶん鷹揚で、柔軟で、近年のようには政治権力に寄ってはいませんでしたから。

それに『文藝春秋』は、『週刊文春』で育ったわたしには人間関係の上でもなじみ深い雑誌でしたし、『正論』の産経新聞社だって、古巣の日本工業新聞社が属するフジサンケイグループの中核です。直接の人脈はなかったものの、『週刊文春』時代にかわいがってくれたデスクが橋渡しをしてくれて、あっさり連載が決まりました。そして連載が終わるころ、書籍編集部に異動していたデスクの勧めで、これらの雑誌記事を再構成した、初めての著書を出すことになります。一九九三年に文藝春秋社から刊行された『国が騙した――NTT株の犯罪』です。

初めての著書『国が騙した――ＮＴＴ株の犯罪』(文藝春秋社，1993 年).

恵まれた単行本デビューでした。三年前に戦力外を通告された時のデスクとも、その後の二、三年はわだかまりを引きずりましたが、やがて和解しました。次の章で登場する『機会不平等』の仕事も、彼のバックアップがなくては成立していません。大事な時期にきびしい言葉をかけてくれた彼に、今では感謝しています。月並みな言い方ですが、わたしは多くの先輩や友人に支えられて、どうにか生き延びてくることができたのです。

娘を連れて行った病院で

ＮＴＴ株と並行して手がけた印象深い取材もあります。予防接種に関するテーマで、一九九二年の春先のことでした。まだ二歳にもなっていなかった娘をかかりつけのお医者様に診ていただいた時に、こんな話を聞かされたのが発端です。

「もうすぐ区役所から、お嬢さんに麻しん（はしか）の予防接種を受けなさいと通知が来るでしょう。その時に「ＭＭＲ」という混合ワクチンを勧められるはずだけど、それは断って、麻しんだけの予防接種にしてもらっておいたほうがいいと思いますよ。ＭＭＲには副作用の問題があって、医者の間でも賛否が分かれているんです」

驚きました。予防接種には副作用の可能性がつきまとい、完全には排除できない、程度のことは知っている。とはいえそんなに危険なワクチンを、国が半ば強制的に、と言って悪ければ絶対的によいものだとして、日本中の子どもに接種させているのだとは。

わたしはそれまで医療に関係する取材の経験があまりなく、「ＭＭＲ」の意味もわかりません。それだけにかえって、これはもしかしたらたいへんな問題ではないのかと、とっさに思いました。

しかもわたしは、この医師に取材に来たわけではないのです。職業を知らせることもなく、単にひとりの父親として、ここにいる。それでも、ＭＭＲの副作用に遭う子をひとりでも減らすため、言わば医学の世界の恥部をさらけ出してくれた医師の心に感じ入ったと同時に、自分が次にやるべきことを考えました。

わたしは親しい『文藝春秋』の編集者にその話を伝え、プラン会議で提案してもらいました。この段階でＭＭＲは欠陥ワクチンだと決めつけていたわけではないのは当然です。取材してみて問題がなければ書かないか、一部で問題視しているが大丈夫と書けばよいだけのこと。

それでも、編集部にはなんとなく警戒されました。あるデスクは冗談めかして、こんなことを言います。

「ワクチンとか予防接種とか、取材はしんどいし、がんばって書いたって、難しい話だから読者はきっと読んでくれないよ。それに、製薬会社がぜったい何か言ってくる」

実に恥ずかしく、情けない話なのですが、製薬会社に限らず、大企業を批判するような記事を書くのは、当時も今も、たやすくないのが実情です。最も大きな理由は、福島第一原発事故のあとで取り沙汰された東京電力とマスコミの関係に象徴的に表れたような構造です。巨額の広告費を支払ってくれるスポンサーのビジネスは批判しにくい。原発が危険であることなど常識で、そのことを立証している研究者が少なくなく、大々的な反対運動をくり返している市民グループもたくさんあったのに、マスコミが取り上げたがらなかった要因のひとつでした。マスコミ側のそうした体質を百も承知しているからこそ、各地域の独占企業であり、したがってとくに宣伝など必要がないにもかかわらず、電力会社側も広告費をばらまいてきたわけです。デスクの言葉からは、そうした懸念が明らかに感じられました。それでもどうにか企画は通り、わたしは取材を進めることになりました。

ＭＭＲをめぐるさまざまな矛盾

予防接種についての知識などゼロだったわたしは、とにかく公開情報をかき集めることから始めました。ある大学病院が図書館を一般市民にも利用できるようにしてくれていることを知り、そこに通っては、ＭＭＲに関する論文を片っ端からコピーして、読みあさりました。これだけでもおおよその事情がのみこめます。

MMRワクチンとは、M(Measles 麻しん)、M(Mumps おたふくかぜ)、R(Rubella 風しん)の各ワクチンを混合したものです。一九八九年四月から、麻しんの定期接種時(生後一二～七二カ月)に接種できるようになったということでした。

幼児期にかかりやすい三つの病気の免疫を一度に、しかも無料でつけられるという〝スグレモノ〟だと喧伝《けんでん》されました。アメリカでは一九七五年ごろから、ヨーロッパ諸国でも八〇年代には次々に導入されていて、実績も十分と言われていました。

しかし、です。資料を読みこんでいくと、なんだか矛盾だらけ。混合される三つのワクチンのうち、もともと予防接種法で定期接種の枠組みに入っていた(接種義務に近い)のは、集団生活に入る前の幼児への麻しんと、罹患《りかん》経験のない女子中学生への風しんだけでした。それには理由があるのです。

風しんは、妊娠している女性がかかると、生まれてくる赤ちゃんに先天的な障がいが現れる場合があります。ところが、これを予防すべきワクチンの効果は長くて三〇年というのが定説で、だからこそ妊娠可能性の高い年齢をカバーする意味で、「罹患経験のない女子中学生」に限って定期接種されていた。病気自体は大したものではないので、小学生のうちにかかってしまえば十分な免疫も得られるわけですし、風しんワクチンを幼児に接種させることの意味がよくわかりません。

おたふくワクチンにも同様の矛盾があります。おたふくかぜは風しんとは逆に、大人の男性がかかると、生殖能力にダメージを受け、子どもがつくれなくなる場合があるそうです。ですがこのワクチンも効果の持続性が弱く、病気の重さと比較して、少なくとも子どものうちの接種を義務づけるほどではない、と判断されていたのです。

これらの事実は何を意味するか。本来、幼児が接種する必要がなかったふたつのワクチンを、効果や安全性に一定の実績があった麻しんワクチンと混ぜることで、定期接種の枠組みに乗せた、そういうことになります。

導入以前の研究段階でも、副作用の危険を懸念する専門家の論文が少なくありませんでした。一方で、これらの指摘を受けて安全性が向上したという報告はありません。にもかかわらず、MMRワクチンを国は導入してしまったのです。

短すぎる一生

資料によるひととおりの予習を終えたわたしは、医療関係者や厚生省(当時。現在は厚生労働省)、そして被害に遭った子どもやその親などに会って話を聞くことにしました。

群馬県前橋市内のある小児科医は、一九八九年六月、MMRの導入から約二カ月が過ぎたころ、早くも異変に気づいていています。それまで診たことのなかった「無菌性髄膜炎《むきんせいずいまくえん》」という病気にかかった患児が、なぜか大勢やってくるようになったのです。おたふくかぜがこじれるとかかりやすい合併症ではあるが、おたふくの患児は増えていない。とすれば——。

ワクチンのせいかもしれない。ワクチンとは毒性を弱めたウイルスを体内に注入し、要は軽い病気にかからせて免疫を作らせる行為にほかならないのだから、たとえばその毒性がうまく弱められていなかったりすれば、あり得ない話ではないわけです。

彼は地元の医師会のネットワークを巻き込んで、やや大がかりな調査を開始します。すると、四月から一一月までの間にMMRを接種した二一七人に一人が、無菌性髄膜炎にかかっていたことがわかりました。

髄膜炎とは脳をとりまく脳脊髄膜《のうせきずいまく》の炎症で、発熱、吐き気、頭痛の三症状が特徴です。病原体の種類によって細かく分類され、なかでも無菌性髄膜炎は、二、三日から一週間程度の入院治療が必要で、重度だとけいれんや意識障害を起こし、脳炎や脳症に発展して難聴などの後遺症をともなうこともある、怖い病気です。

前橋市医師会の調査が伝えられると、懸念は全国各地に広がりました。実際にも無菌性髄膜炎の患児がたくさん現れます。一九九〇年に大阪、翌年に東京で、市民グループが開設した「予防接種一一〇番」には、MMRに関する相談が多く寄せられていました。接種後に肝機能が低下した子、肺炎を併発した子、若年性関節リウマチと診断された子、等々。

何のことはない、医学の世界や、こうした問題に関心のある市民グループの間では、MMRの危険性など常識に属することでした。素人のわたしが知らなかったのは、一般のマスコミがほとんど報道していなかったからだったのです。以上の経緯を知ったわたしは、遅ればせながらでも書いて、それも月刊誌で相当のボリュームを割いてもらえるのだから、断片的ではない、問題の構造や背景までを明らかにして、これ以上の被害を食い止めるのが自分の仕事だと確信しました。

辛かったのは接種の二カ月後に亡くなった男の子についての取材です。「万に一人、脳膜（髄膜炎）になる子もおるけどな。そんなの怖がってたら、予防接種なんかでひんしな」。すでに厚生省までが「慎重に」との通達を出していた時期に、近所の小児科医はこう言って、一歳七カ月だったその子は、MMRを接種されてしまったのでした。

男児は四〇度近い高熱を出し、顔や腹部に発疹《ほっしん》が出ました。いったん回復したものの、ややあって再び発熱。無菌性髄膜炎と診断され、そのまま入院します。三週間で退院するものの、鼻血や下痢や嘔吐《おうと》や高熱が続き、再び同じ病院に運ばれましたが、好転しないまま……。

そんな子たちのご両親に、何人も会いました。お母さんたちはみな、わが子にMMRワクチンを打たせたことで自分を責めています。どうしてあげようもないわたしも自分がふがいなく、一緒になって泣きながら、ただ、ただ、取材を続けていくことしかできませんでした。

取材し報道することの力

MMRワクチンの副作用は、混合されるおたふくかぜワクチンの責任が問われ、やがて厚生省が接種を見合わせる方針を打ち出しました。集団訴訟も提起されて、国側の敗訴も決定します。二〇〇六年からはそのおたふくかぜワクチンを抜いたMR（麻しん・風しん）ワクチンが定期接種になっているのですが、本当におたふくかぜワクチンだけが悪かったのかどうか、今でも実ははっきりしていません。

なぜならワクチンの性質上、麻しんワクチンを接種した子は軽い麻しんにかかるのと同じですから、一時的に体全体の免疫機能が低下します。その体に違う病気のウイルスが入りこむことは、それがおたふくかぜではなくても、やはり問題ではないかとも考えられるからです。とすれば、異なるワクチンを混ぜ合わせる「混合ワクチン」の発想そのものがリスキーだ、ということになりかねないわけです。

問題はどうしても、科学としての医療にとどまらず、ビジネスとしての医療という領域に広がります。一九七〇年代までは全国の小中学校で、インフルエンザワクチンの集団接種が行われていました。ですがこれも副作用が社会問題化して、接種を拒否する保護者たちが増えていき、集団接種が成立しなくなった経緯があります。MMRワクチンの導入には、巨大な利権を失ったワクチン業界の意向を受けた政府による新たなマーケット創造、という側面を否定できません。

当時の取材で聞かされた、予防接種行政に強い影響力を持っていた東京大学名誉教授の証言が忘れられません。風しんが恐ろしいのは妊娠した女性なのだから、効果が長続きしないワクチンをMMRの形で幼児のうちに接種しても意味がないのではと尋ねたときの返答です。

「ですから風しんはこの際、妊婦の感染を防ぐだけでなく、撲滅《ぼくめつ》を図ることに思想を転換したのです。おたふくの方はよいワクチンができなければ抜かして、麻しん・風しんの二種混合にすることも考えました。最終的には、効き目が短ければ、一〇年後ぐらいにそれを確認した上で、必要ならもう一度接種すればカバーできるということになったのです」

副作用のリスクはまったく考慮の外にあったということです。性能が低くて売れないワクチンを無理やり売るための予防接種行政。他人の子どもをなんだと思っているのですかと言いたくなりました。

はたして現状は、初めから第二候補ではあったらしいMR二種混合ワクチンです。MMRよりは安全なようで、深刻な副作用が出ているとは聞いていませんが、政府には今後も混合ワクチンを増やしていく方針があり、まだまだ安心はできません。

人の暮らし、命を軽視する姿勢

『文藝春秋』の一九九二年七月号に「新・三種混合ワクチンは安全か」を発表してからも、わたしはワクチン問題の取材を継続しています。二〇年以上が過ぎた二〇一五年四月に刊行した『子宮頸《しきゅうけい》がんワクチン事件』(集英社インターナショナル)も、その延長線上にある仕事でした。

取材すればするほど、政府の姿勢には驚かされることばかりです。裁判になってもならなくても、ワクチンと副作用の因果関係は絶対に認めない。裁判で負けると被害者とその家族あてに手紙をよこすところまでは結構なのですが、ひどいのはその文面です。

「○○殿(実名)には予防接種を受けたことにより不幸にも障害の状態となられました。これは社会防衛のための尊い犠牲であり誠にお気の毒にたえません。ここに予防接種法により生涯年金をお届けしてお見舞い申し上げます」

どこまでも謝らない。国家のための犠牲になったのだから我慢しろ、とだけ。

これはわたしがこの目で見たものの引用ですが、亡くなってしまった場合は、「お見舞い」が「お悔やみ」になります。悲しみに暮れている家族は、国にわが子の人生を台なしにされたか奪われたかした上に、侮辱までされて、二重の苦しみを味わわされているのです。

わたしはこうした取材を続けながら、『週刊文春』時代の梅田事件の取材を思い出していました。権力をもって政策を進める側、そのことで経済的な利益を得ている人々の意識は、ここまで無責任で、いい加減なものなのか。

冤罪かもしれないが、有罪ということにしてしまえ。副作用が出る危険は高そうだけど、接種を進める。まっ、いいや、少しばかりの犠牲なんて。俺や俺の家族には関係ねーし。第一、俺はそれで儲かるし、上の覚えもめでたくなるし。

そんな声が聞こえてくるようです。フリージャーナリストとしての自分の役割を、改めて認識させられることになった取材でした。

5

価値判断が問われる

—留学と『機会不平等』をめぐって—

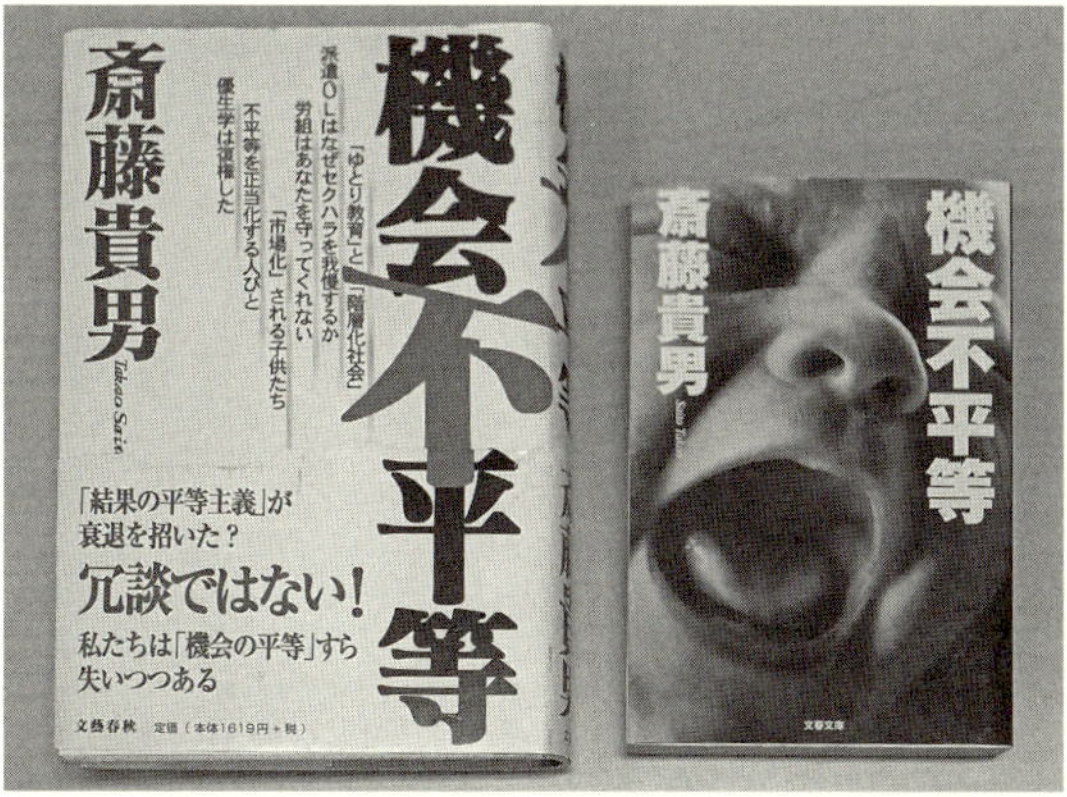

著書『機会不平等』(文藝春秋社，2000 年．文春文庫，2004 年)．

フリーで生きていくのに欠けているもの

独立して、自分なりの仕事を模索しながら、それなりの手ごたえも感じていました。ですが仕事にのめり込めばのめり込むほど、逆に自分に欠けているものも見えてくるのです。

プロ野球にたとえると、自分はこの道で食べているのだからプロには違いないけれど、二軍の補欠クラスの選手だ。最高レベルのメジャーリーガーの足元にも及ばない。これが当時の自己評価です。

取材をしていると、「この人に会って話を聞かなければ」と思う人物が次々に浮かび上がってくる。しかし自分は、その半分にも取材できていないではないか。アポ取りに失敗したのは、電話のかけ方がまずかったか、そもそも適切な取材先を絞りきれていなかったのではないか。そんなことばかりが頭をよぎります。

そして何よりも、わたしに決定的に欠けているのは世界観、歴史観だと思いました。フリーのジャーナリストは、他人と同じことをやっていてもどうにもなりません。わたしならではの視点が必要です。なぜ、この問題を取り上げるのか。どんなアプローチで取材をし、それで得た情報や証言をどう料理して、いかなる結論を導くのか。

以前から考えていたことではありますが、ここに来て改めて、自分にはそうするための基盤となる知識と、知識に基づいて構築された世界観が決定的に欠けていると感じたのです。学生時代にまともに勉強したことがなく、記者になってからも仕事のスキルを磨くことばかりに精一杯で、しっかり学んでこなかった報いでした。

せめて一年だけでも、きちんと勉強する期間をつくりたい。でないと、フリージャーナリストを続けていくプライドが保てない。

わたしは留学を決意しました。あえて海外に目を向けたのは、「世界観」の不足を補うのが目的であることに加えて、当座の四〇〇字詰め原稿用紙一枚何千円かを追い求める日常から解放された環境に身を置く必要があると思ったのと、この際、少年時代から憧れていた外国暮らしを実現してしまおうと考えたからでした。子どもが大きくなってからでは、学校の問題も出てくるので今のうちに、ということもありました。

経済的な苦労は目に見えていましたが、その点は逆に、だからこそ、という感じでした。というのは、いざ独立してみると、とにかくお金が足りないのです。原稿料で生活するということは、それまでのような、定期的に報酬を受け取っていた組織ジャーナリストとはまるで違う。

ＮＴＴ株やＭＭＲワクチンの取材は充実していましたが、収入となると月平均で二〇万円にもなりません。新聞や雑誌の記者時代に貯めたお金がどんどん減っていきます。

このままではなにも残らない。そんなことになるぐらいなら、いっそ将来のため、自分自身への投資に使ってしまえ。留学先でも妻子と暮らして、同じ体験を重ねていこう。努力が実らず、帰国してからも原稿料で食えないようなら、その時はその時、フリーの夢は潔く諦めて、またどこか適当な雑誌か業界紙にもぐり込むか、それもダメなら、ジャーナリズムとは関係のないアルバイトでも何でもして働けばいい――。

留学先に選んだのはイギリスです。統一されて間もなかったドイツとか、行きたい国はほかにもあったのですが、中学校から大学まで一応の勉強はした英語以外の語学には手も足も出ません。拳銃の所持が認められているアメリカでは家族の安全を守り切れる自信がないし、平均的な体格から言えば自分と桁違いに大きいわけではないイギリス人が相手なら、万が一ストリート・ファイトを余儀なくされたとしても、なんとかなるだろうというようなことまで考えて決めました。

とはいえその英語ももともと苦手な上、大学を出てからの一〇年間はまるで関係なく過ごしていたので、ほとんど忘れてしまっています。語学留学でもいいか、と一度は考えたものの、こんな機会は最初で最後なのだからと一念発起、東京・飯田橋にある「ブリティッシュ・カウンシル」の英会話スクールに用意されていた三カ月間の「インテンシブ(集中)コース」を受講しました。

ブリティッシュ・カウンシルはイギリスの公的な国際文化交流機関で、英語教育の普及や留学のあっせんを行っている組織です。イギリスの大学が留学生に求める英語力の検定試験「IELTS(International English Language Testing System)」の運営にも関わっているので、ここで勉強すれば「お手盛り」みたいなもんだと踏みました。

チューターの先生の薦めで、バーミンガム大学の大学院に願書を出しました。この時のやり取りがちょっと面白かったので、紹介しておきます。

「あなたのキャリアと留学の目的に照らすと、バーミンガム大学のInternational Studiesのコースがよいでしょう」

――産業革命で有名な都市ですよね。ただ、ものすごく治安が悪いのでは。わたし、家族連れで行くので、そういうところは……。

「ハハハ、いつの時代の話ですか。ヤバかったのは一九六〇年代まで。今ではバーミンガム、イギリスで最も安全な街のひとつですよ」

改めてリサーチしてもみましたが、その通りのようでした。大学受験の「地理B」止まりの知識で知ったかぶりはいけませんね。IELTSも辛うじてクリアして、かくてわたしたち家族は一九九三年九月、イギリスに旅立ちます。三五歳、どの組織にも属さない完全なフリーになって、二年と九カ月目のことでした。

イギリス留学の成果

わずか一年間の留学でしたが、バーミンガムでの学生生活は、厳しくも楽しいものでした。ひとりで渡英し、住まいを探すところから始めたのですが、大学で紹介してくれた不動産屋さんを回り、いくつか物件を案内してもらっただけで、地域による格差を肌で痛感させられます。

当時のイギリスは、一九九〇年まで続いたマーガレット・サッチャー政権の下で進められた新自由主義改革の弊害で、経済的に豊かな階層とそうでない階層との格差が、著しく広がっていた時期だったのでした。かつて〝ゆりかごから墓場まで〟と謳《うた》われた福祉社会の、事実上の解体に近い。新自由主義とは経済システムに対する政府の介入を可能な限り排除し、市場原理を徹底して民間の活力を増進させれば社会全般が成長するという、八〇年代以降の世界で支配的な近代経済学の思想です。

バーミンガム大学大学院入学時の集合写真(1993年9月).

それだけに、わたしにとっては得るものが大きかったように思います。折しも日本にも押し寄せようとしていた新自由主義の大波を体で予感できたというか、学問的な知識というよりも、この時代のアングロサクソンの視座、あるいはグローバル・ビジネスを推進する人びとの発想を皮膚《ひふ》感覚で理解できた、といいますか。この時に得た感触がのちのち、わたしがこの仕事を続けていく上で、たいへんな力になってくれたように思います。

わたしが入学したInternational Studiesのコースは、直訳すれば「国際学」ですが、日本の大学のイメージだと、「国際関係論」といったところでしょう。英語のネイティブ・スピーカーよりも、非英語圏からの留学生がずっと多い、いわば留学生向けのコースでもあったようです。わたしがパスできたわけです。International Economic Policy, Political Risk Analysis, The International Relation of East Asia という三つの講義を中心に学びました。

International Economic Policy は、具体的にはGATT(関税および貿易に関する一般協定)の研究です。「自由・無差別・多角主義」を原則とする貿易秩序の実現を基本理念とする多国間条約で、一九四七年に調印されたものです。日本は五五年に加入しています。その後、九五年にWTO(世界貿易機関)の設立とともに発展的に解消されました。

Political Risk Analysis というのは、グローバルな事業展開を行っている多国籍企業の立場から、進出先で遭遇する多様なカントリー・リスクのうち、とりわけ政治的リスクにどう対応するかの研究。もちろん戦争やテロリズムも重大なテーマになります。GATTの勉強と対をなす格好ですね。

The International Relation of East Asia については、ちょっとズルい気持ちもあって選択しました。主に一九世紀末から二〇世紀前半の、日清・日露戦争や旧満州をめぐる動きを検討するとガイダンスで聞いたので、だったら東京から日本語の文献を送ってもらってアンチョコに使えば、英語ばかり読まずに済むと考えた、のでしたが――。

これらの講義や、順番に回ってきたプレゼンテーションの機会はどれも、とても実になるものでした。GATTの条文を英語で読むと、不思議なことに、日本語の翻訳よりもすっと頭に入ってきたりする。自由貿易を最高の経済システムととらえたGATTの根幹そのものが、あの東インド会社を興したアングロサクソンの精神に貫かれていたためでしょう。その発展形であるWTOも同様であることは、改めて指摘するまでもありません。

多国籍企業の本音

強烈だったのは、International Economic Policy のゲスト講師の話です。多国籍企業の幹部がカントリー・リスクについて論じてくれたのですが、彼は進出先の法律や商習慣などを挙げたあとで、「最も困るもの」は「culture（文化）」だと断じたのです。同じことを語るにしても、いろいろなニュアンスがあり得ると思いますが、この場合は地域の歴史に裏付けられた固有の文化など、企業の海外進出にとっては障害でしかないというロジックでした。

日本には「郷に入っては郷に従え」ということわざがあります。「知らない土地に行ったら、その地の風俗・慣習に従うのが無難な世渡りだということ」（時田昌瑞『岩波ことわざ辞典』）ですが、これは企業の海外進出にも当てはまります。日本車は右ハンドルだけど、アメリカにそのまま持って行っても売れないから左ハンドルに設計し直して輸出する、なんていうのは当たり前ですし、国内で成果をあげたとされるTQC（全社的品質管理）運動を海外の工場に持ちこむ場合でも、その土地に合わせたやり方をするから日本企業は成功したなどという物語を、わたしのころまでの経済記者は、さんざん聞かされたものでした。

日本企業がどこまで本当にそうしていたのかは必ずしも明快ではありませんが、それが筋ではあると思います。経済的利益の追求が、地域固有の文化より常に上位の価値であるはずがありません。

しかし、そのゲスト講師の思考回路は違っていました。多国籍企業の障害になる存在など破壊してしまいたい、という意志がもろに伝わってきます。最近は日本企業も英米流にすっかり染まり、「郷に入っては郷に従え」ははやらなくなったといいます。彼が「culture」と語った時の、苦虫をかみつぶしたような表情が忘れられません。

これぞ多国籍企業の本音であり、グローバル経済の本質ではないのか――。不十分な英語力では十分な議論ができなかったぶんだけ余計に、わたしの脳には不気味な記憶が刻みこまれました。この経験だけでも留学の意義があったと思います。帰国後、グローバリゼーションの問題を取材するのに、重要なバックボーンになってくれました。

The International Relation of East Asia の講義は、当時は前述のようないいかげんな理

由で選択したのでしたが、近年の日本で大騒ぎになっている歴史認識の問題を考えるのに、大いに役立っています。またPolitical Risk Analysisのプロフェッサー・ソーンダイクは、わたしの修士論文の指導教官です。「三五歳にもなって、しかもその程度の英語力でわざわざ自費留学してくるとは、それだけで君はExcellent Studentだ」と歓迎してくれました。修士論文は“Political Risks and Agribusiness : Focusing on the Major Grain Trading Enterprises”。世界の穀物市場を支配する、いわゆる穀物メジャーのポリティカル・リスク対策史を検証したものです。

規制緩和の「影」

イギリスへの留学は、わたしに大きなテーマを与えてくれました。象徴的だったのは、帰国まであと二、三カ月を残すのみという時期に、『文藝春秋』の親しい編集者からもらった国際電話です。

もし可能なら一時帰国して、「規制緩和の光と影」というテーマで原稿を書かないか、という。新自由主義に基づく規制緩和の潮流が、いよいよ日本にも本格的にやってきた、マスコミの大部分は「光」の部分ばかりを喧伝しているが、「光」には「影」がつきものだ。ならばその影が社会のどの部分に落ちるのかを詳《つまび》らかにしておかないと、議論もできない道理だから――というのです。

この打診には前段がありました。彼は会社の休職制度を利用して、わたしより一足先にアメリカ東部の名門大学に留学した経験があります。しかも言葉を操るジャーナリズム・スクールでしたから、留学生コースのわたしより、何倍も達者な英語使いです。

彼は規制緩和の本場で、すでに一部の識者が危険視していた「影」の部分に関わる文献を見つけ、読みこんでいました。どの国にも企業の参入を制限したり、大幅な値引きを禁じる経済規制、労働や安全、環境に関する基準などの社会的規制がありますが、これらを成長の阻害要因と位置づけて、撤廃したり、制限を緩くしたりするのが規制緩和です。あらゆる分野を市場のメカニズムに委ね、競争を促進することが経済の活性化をもたらし、引いては消費者にとってもメリットなのだという新自由主義の考え方が、イギリスのサッチャー首相(任期一九七九～九〇年)、アメリカのロナルド・レーガン大統領(任期一九八一～八九年)らの政策で浸透し、世界的に広がりつつある時代でした。

確かに、時代とともに不要となった規制や、政府や官僚、各業界の既得権益に堕していた規制がなかったとは言えないかもしれません。しかし、たとえば労働に関する基準のように、労働者の健康や尊厳を守るためには、多少の効率を犠牲にしても維持されなければならなかった規制も少なくないのです。規制緩和を進めすぎれば、ただ単に強い者に都合のよい社会ができあがるだけの話ではないでしょうか。

『文藝春秋』の編集者が教えてくれた文献には、主にアメリカの航空業界における規制緩和の弊害が具体的に指摘されていました。規制緩和でほかの業界からたくさんの企業が航空ビジネスに参入し、新たな路線が誕生したり、航空運賃が大幅に下がったりもしたけれど、それは初めのうちだけ。儲からない新規路線はあっという間に廃止されるし、長く続いていた路線から撤退するのにも躊躇がなくなるのが規制緩和です。値引き競争で勝ち残った企業は、こんどは寡占《かせん》状態のなかで値上げに踏み切る予定調和と言うべきか。かつては女性のあこがれの職業で、高給が支払われていたスチュワーデスさんたちが、みるみるうちに賃金の安い派遣労働者にとって替わられていく悲惨な様子は、経済合理性の一言で済まされてよいとは、とうてい思えないものでした。

そんな規制緩和が、日本でも国策になった。日本のシステムはもはや制度疲労を起こしており、抜本的な改革が必要だという、マスコミの主流派を中心に広められた認識のなにもかもが嘘ではないにせよ、「ちょっと待てよ、冷静になって考えてみよう」という企画を、俺たちもそのうちやろうぜ、などという話を、留学前のわたしは、その編集者といつもしていたのです。もっとも、留学の準備にかまけていた時期は、それどころではありません。イギリスの大学院ならなんでもいいや、という感じで、そんな話も忘れていましたし、バーミンガム大学でGATTを学び、ポリティカル・リスクを修士論文にしたのも、科目選択の際のとっさの思いつきでしかなかったのですが、よくよく考えてみると、彼との会話が深く胸に刻まれていたためだったのかもしれないですね。

ただ、電話の打診は、「残念だけど」と断るしかありませんでした。本来ならこちらから頼んででもやらせてもらいたい企画ですが、とても一時帰国の片手間にできる仕事ではないのと、せっかくの留学を中途半端に終わらせたくなかったのです。

彼の企画は別のジャーナリストの手によって、見事な仕事になっていきます。わたしは嫉妬を感じつつも、それはそれとして、大きな宿題を渡されたように思いました。

留学を終えて帰国したのち、わたしはフリージャーナリストの仕事を再開します。規制緩和のテーマはまだまだ続く。それからのわたしは、『文藝春秋』に限らず、雑誌の編集部などからプランの相談を受けるたびにその関係の取材を希望し、形にしていきました。このテーマで『文藝春秋』に連載させてもらえればベストなのですが、わたしにはそれだけの実績も知名度もないので、例の編集者と相談し、とにかくあちこちの雑誌で取材し、書きためて、まとまったボリュームになったら文藝春秋社で一冊の本に再構成しようという作戦をとったわけです。

また食えなくなったらどうしよう、もう貯金も残ってないし、という不安は、案外あっさり解消されました。当時の『週刊文春』の編集長が、まるでプロフェッサー・ソーンダイクと同じようなことを言って、「ニッポンの奇観」という連載プランを回してくれたのです。規制緩和とは直接の関係がない仕事でしたが、この時に手がけたサラリーマン税制に関する取材も、やがて『源泉徴収と年末調整』(中公新書、一九九六年)という本になって結実し、現在のわたしの消費税に対する問題意識の源になっています。

教育にも「規制緩和」?

規制緩和のテーマのなかでも、わたしが最も気にかけていたのが教育の問題でした。中曽根康弘政権の「臨時教育審議会」(臨教審)以来の流れを加速させたのは一九九六年に登場した橋本龍太郎首相で、彼はこの時、「行政改革」「財政構造改革」「経済構造改革」「金融システム構造改革」「社会保障構造改革」「教育改革」から成る「六大改革」を明確に打ち出したのです。これを国策として社会全体の競争を促し、いっそうの経済成長を目指せ——。

ですが、わたしは教育が行政や経済構造と同じ文脈で論じられること自体に、深い危惧を覚えました。無意味だったり、既得権益でしかなくなってしまった規制もないとは言いません。ですが、強い薬が強い副作用を伴うように、必要な規制緩和であっても、相応の弊害が不可避です。それでも行政や経済構造についてなら、まだしも基本的には大人の世界の話です。事前に当事者が議論に参加できる余地もなくはない。しかし教育分野の場合はどうでしょうか。

平等を旨とした戦後の教育を、競争原理主体に切り替えていく教育改革が進められれば、結局、モノを言うのは家庭環境です。相手はなにも知らない、自己責任など問えるはずもない子どもたち。裕福で教育熱心な家庭の子どもと、そうでない家庭の子どもとでは、受ける教育に天と地ほどの格差が生じてしまうのが、火を見るよりも明らかです。

いつの時代だってそうじゃないか、なんて簡単に納得してしまわないでください。それはその通りなのですが、従来の、少なくとも建前ではあった平等が、教育というものの、放っておけば人間の身分格差につながってしまいかねない恐ろしさを、多少なりとも押しとどめていたのですから。

実際、わたしが大学に進学できたのも、平等の建前があったおかげだと自覚しています。わたしは教育改革の取材にとりわけ力を入れようと考えました。

「できん者はできんままで結構」

さて、となると実際に教育改革を推進している人たちに話を聞かなくてはなりません。ここで重要になるのが当面の発表媒体です。教育の分野というのは、教科書問題ひとつをとっても明らかなように、思想性の強い話題が多くて、現実の政策を司る保守政治の関係者たちは、反対の立場の書き手を遠ざけがちです。わたし自身は無名でも、体制に親和的でない評論が中心の雑誌では、取材の要請そのものが黙殺される危険が高いという判断です。

そこでわたしは、このプランを文藝春秋社のオピニオン誌・月刊『諸君！』にもっていきました。一九六九年の創刊以来、ずっと日本の保守論壇を牽引《けんいん》していた雑誌ですから、そこからの依頼なら、彼らも安心して取材を受け、本音を語るはずだ。そう考えました。『諸君！』には、いずれ同じ会社の単行本にする原稿を書きためる手段でもあるのでぜひ、とも頼みました。

誰ひとりとしてだましたわけではありません。教育改革について、わたしにはここまで述べてきたような思いはあっても、実際に取材してみて彼らの言い分がもっともだと思えたらいつでも方向転換するつもりでした(『週刊文春』時代の日本海中部地震のときのように)。うまく化学反応を起こしてくれて、新しい視座が見出せたら最高です。『諸君！』もまた、のちに二〇〇九年六月号を最後に休刊するころとはだいぶ違って、この当時はまだ、まっとうな保守らしい柔軟さをたたえていました。

担当の編集者はわたしの考えをよくわかってくれていましたし、彼の提案を容れた編集長が仮に誤解したとしても、それはわたしの責任ではありません。わたしたちはお互い、思いどおりの仕事をするために日々の努力を重ね、生き馬の目を抜かんとしているプロフェッショナル同士なのですから。

このように、媒体の特性を利用するのも、フリージャーナリストには大切なテクニックだと、わたしは考えます。もっとも最近は、教育のテーマに限らず、どの雑誌も新聞もスタンスが鮮明になりすぎ、異論は許さない雰囲気に満ち満ちてしまっていますから、こうしたテクニックも使いづらくなって、面白くありません。社会的にも言論空間がタコツボ化(視野狭窄《きょうさく》化)して、由々しきことだと思いますが、本書ではこれ以上は触れないでおきます。

『諸君!』編集部の協力を得て、取材がスタートしました。わたしの注文で、担当編集者が教育改革を進める審議会の委員や財界人など、関係各方面にアポイントメントを取ってくれ、取材は順調に進みましたが、これはわたしにとってたいへんにつらい仕事になってしまいます。

少し前まで文部科学相の諮問機関である「教育課程審議会」の会長を務めていた、作家の三浦朱門《しゅもん》氏は、次のように語りました。彼はいわゆる「ゆとり教育」を具体化した二〇〇二年実施の改訂学習指導要領の原案となる答申をまとめた責任者なのですが、安易な「ゆとり」の導入は、ただでさえ懸念されている平均学力を、ますます低下させかねないのではないかと尋ねたわたしに、

「学力低下は予測しうる不安というか、覚悟しながら教課審（教育課程審議会）をやっとりました。いや、逆に平均学力が下がらないようでは、これからの日本はどうにもならんということです。つまり、できん者はできんままで結構。

戦後五〇年、落ちこぼれの底辺をあげることにばかり注いできた労力を、できるものを限りなく伸ばすことに振り向ける。一〇〇人に一人でいい、やがて彼らが国を引っ張っていきます。限りなくできない非才、無才には、せめて実直な精神だけを養っておいてもらえばいいんです。（中略）それが〝ゆとり教育〟の本当の目的。エリート教育とは言いにくい時代だから、回りくどく言っただけの話だ」

――それは三浦先生個人のお考えですか。それとも教課審としてのコンセンサスだったのですか？

「いくら会長でも、わたしだけの考えで審議会は回りませんよ。メンバーの意見はみんな同

じでした」
「ゆとり教育」とは、もともと教職員組合が一九七〇年代に提唱していた表現です。高校入試の激化もあって知識の詰めこみに偏りがちだった小中学校の教育に、ゆとりを取り戻そうというのが趣旨だったのですが、週休二日制が定着し、学校現場への導入機運が高まった九〇年代に入って具体的な政治日程に上ってくるのに伴い、いつの間にか目的がすり替えられていたようでした。

額面通りの「ゆとり教育」であったなら、わたしもそんなに危険視はしません。教育政策の基本としては、子どものことを思いやった、あるべき方向性だと思います。

ただ、受験産業が一九七〇年代とは比較にならないほど肥大化した時代にあっては、単純に公立の学校を「ゆとり」にしただけでは、子どもを受験指導にたけた高級な進学塾に通わせられる大都市の富裕層ばかりが成績の上位を独占してしまう可能性があるのが現実です。教育がかえって階層間の格差を拡大していく本末転倒に陥らないようにするにはよほどの工夫と慎重さが必要になる道理ですが、三浦氏は逆に、「この機会に格差を広げるのが目的だ」みたいなことを平然と言い放ったのです。

能力は遺伝で決まる？

三浦氏自身も語っていましたが、こうした差別的な価値観は、教育改革を進める人びとの多くに共有されていました。小渕恵三政権が二〇〇〇年三月に発足させた首相の私的諮問機関「教育改革国民会議」の座長を務めていた江崎玲於奈《れおな》氏への取材で味わわされたショックから、わたしはいつまでも抜け出られません。

江崎氏は一九七三年に日本人で四人目のノーベル賞（物理学賞）を受賞した著名な物理学者です。ＩＢＭの主任研究員や筑波大学の学長などを経て、わたしが取材したころは芝浦工業大学学長の地位にありました。彼をはじめとする教育改革国民会議の委員たちは、新聞などでしきりに「個性を重視した教育を」という主張を発信していたので、わたしはその具体的イメージを訊ねたのでしたが、江崎氏はこう返してきたのです。

「人間の遺伝情報が解析され、持って生まれた能力がわかる時代になってきました。これからの教育では、そのことを認めるかどうかが大切になってくる。僕はアクセプト（受容）せざるを得ないと思う。

ある種の能力の備わっていない者が、いくらやってもねえ。いずれは就学時に遺伝子検査を行い、それぞれの遺伝情報に見合った教育をしていく形になっていきますよ」

「遺伝的な資質と、生まれたあとの環境や教育とでは、人間にとってどちらが重要か。優生学はネイチャー（天性）だと言い、社会学者はノーチャー（育成）を重視したがる。共産主義者も後者で、だから戦後の学校は平等というコンセプトを追い求めてきたわけだけれど、僕は遺伝だと思っています」

教育改革の中心にいる人物から「優生学」という言葉が出たことに衝撃を受けました。優生学は一八八三年にイギリスの科学者フランシス・ゴールトンが創始したと言われる領域です。ギリシャ語の「優れたタネ」を語源とし、基礎的な文献によれば、「（ゴールトンが）その言葉で意味したのは、「生存により値する人種または血統に対し、劣った人種あるいは血統よりも、より速やかに繁殖する機会を与えることによって」、人類を改善する「科学」を創りだすことだった」（ダニエル・J・ケヴルズ著、西俣総平訳『優生学の名のもとに』朝日新聞社、一九九三年）。やがて勃興した遺伝学などとも優生学は結合し、たとえば障がい者の「安楽死」やユダヤ人虐殺を図ったナチス・ドイツの暴虐の理論的根拠とされたのです。

あまりにも危険な〝学問〟を、日本の教育にも応用したいという江崎氏は、居酒屋で酔っ払っている一個人ではありません。政府に任命されて、国の教育政策を動かす地位にあった人物です。にもかかわらず、彼の視野には、子どもひとりひとりの人格も尊厳も存在していないかのようでした。指導的な立場にいる人間が他人の子どものよしあしを一方的に判断し、〝優秀〟だと見なした子だけを重点的に鍛《きた》えて、〝エリート〟に育てあげていくという。逆に〝劣っている〟の烙印《らくいん》を押された者は、どこまでも社会の底辺で生きていくことを義務づけるというような話です。

負け組には努力することも許されない。これは先の三浦朱門氏の「できん者はできんままで結構」「限りなくできない非才、無才には、せめて実直な精神だけを養っておいてもらえばいい」というのと重なりますね。改めて指摘するまでもありませんが、人間の才能も未来も、たかだか科学の〝進歩〟ぐらいで解明できるほど簡単なものでは断じてないのです。

遺伝子検査で優劣をつけるだなんて、それだけで恐ろしいけれど、しょせんは人間のやること、よしあしの判断が恣意的になされない保証もないわけです。シベリア帰りの鉄屑屋の小セガレで、高校では落第寸前だったこともある自分など、小学校の段階で〝負け組〟に分類されるんだろうなと思ったら、全身の肌が粟立ちました。

「平等など大きなお世話」

ところでわたしは、教育改革の関係者に取材した際、目的および現状認識、今後の課題、さ

まざまなエピソードなどを語ってもらう一方で、こんなふうに尋ねてみることもしました。ころあいを見計らって、

――自分の実家は零細な鉄屑屋だった。父がシベリア抑留から帰国してきたのが昭和三一(一九五六)年の暮れ。わたしも中学を出たら鉄屑屋を継げと言われて育ったが、教育機会の均等という建前はあった戦後民主主義の社会ではあり、高校全入の世の中になっていたので、大学にまで進学でき、夢だったジャーナリストの仕事にも就けた――。

要は第2章で述べたような、自分自身の生い立ちのダイジェストです。プライバシーをさらけ出してまで聞き出したかったのは、つまり、こういうことでした。

――しかし目下の教育改革は、競争ばかりを強調し、子どもの早期選別へと大きく舵を切ろうとしている。もうシベリア帰りの父親も、高等小学校しか出ていないお父さんもいないだろうが、最近はリストラの嵐が吹き荒れて、生活するだけで精一杯の家庭が急増しているとか。そんな時代にこの路線は危険だ。実質的には「人生は家柄次第」という、戦時中までのミもフタもない階級社会がまたしても築かれる結果になりかねないとわたしは考えるのだが、あなたはいかがか――。

尋ねながら、わたしは大きく二通りの回答を予想しました。ひとつは「教育改革は〝結果の悪平等〟に向かいがちな現状を改めるのが目的で、民主主義の根幹である〝機会の平等〟は断乎として守るから心配はいらない」というもの。本音はどうあれ、それまでの常識とも齟齬《そご》のない、優等生的な回答です。当たり前すぎてジャーナリストとしては面白味がないのですが、ひとりの人間としては、ある意味、ホッとするに違いない想定でした。

もうひとつは、「あんたの境遇など知ったことか。重要なのは競争を勝ち残ってきた優秀な人材の養成だけだ」というような反応です。これが教育改革の本質だとすれば、何が何でも引き出すのがジャーナリストの責務ですが、人間としては耳を覆いたくなる言葉です。わたしの父やわたし自身の人生を否定されるのにも等しく、しかも今後はそのような社会が国策として形成されていくのだという意味につながります。だからやっぱり、「心配しなさんな」と言ってほしい、いやいや、地位も名誉もある人たちが、あまり露骨な暴言を吐くこともなかろうが、でもそんなんじゃあ面白い原稿にはならないし、困ったなあ、なんて。

結果は――。

ほとんどの回答が後者を示唆していました。あからさまな差別を隠そうともしない三浦朱門氏や江崎玲於奈氏には、わたしの個人的な事情にかこつけて水を向ける必要もなかった。それでもたいがいの関係者は、わたしの家庭にまでは踏みこんできません。腹のなかではどう思っていようと、彼らなりに目の前にいる人間を尊重してくれたのだと、ありがたく感じましたが、例外もありました。

すさまじかったのは、江崎氏の率いる「教育改革国民会議」の、ある委員です。有名な中高一貫校の理事長ですが、あまりに無礼な方でしたので、ジュニア向けの本書では名前を伏せましょう。彼はわたしの質問に、いらだちもあらわに、こう返してきたのです。

「ある程度の格差が出てくるのは仕方がないんですね。あまりひどくなるようなら、その時は福祉だとか、別の視点から対応すればいいんです。平等にこだわりすぎれば、能力のある人間の可能性が閉ざされてしまう。

だいたい、今の日本人は自分に誇りがもてない民族になってしまっている。黒船でやってきたペリーは、その手記のなかで、「日本人はあらゆる職業の人間が誇りをもって働いている」と書いていました。あなたも、スクラップ屋さんより記者のほうが上だと思っているからそうおっしゃるのでしょうが、間違っています。

わたしのところの先々代は、小学校二年のときに父親が亡くなったために学校を辞めなければならなかったそうです。国電の清掃をして金を稼ぎ、勉強して、東京商大、今の一橋大学に入学した。努力が見込まれて鉄道省が学費を出してくれたんです。そうやって設立されたのが、この学園です。

あなたもたいへんだったでしょうが、今の時代の苦労など、祖父の生きた明治の世の中とは比較にならない。みんなが平等でなければならないなんていうのは、余計なお世話なんですよ。基本はセルフケア。援助してくれる仕組みがあれば、結構なことではありますが」

自分自身で職業を選択することは、家業に誇りをもっていない証拠だとでも、彼は言いたかったのでしょうか。戦争と抑留に苦しみ抜いた父はもちろん、わたしもわたしなりに葛藤し、呻吟《しんぎん》した末に今の職業を選択したのですが、こうも安っぽくせせら笑われるとは、ついぞ考えてもみませんでした。こうなると、わたしたちが何気なく使っている「職業に貴賤《きせん》なし」という格言の意味もあやしくなってきます。調べてみると、なるほど本来は、士農工商の階級を人間の身分の上下ではなく、社会的職務の相違にすぎないと強調する言葉だったようです。江戸時代中期の思想家で、庶民向けの道徳「石門心学《せきもんしんがく》」の始祖だった石田梅岩《ばいがん》が、そう言って商人道を説いていた歴史があります。

この理事長のおじいさんは、さぞかし立派なお人だったのでしょう。ですが、自分自身が苦労したわけでもなく、ただ親譲りの学園を世襲しただけの三代目が、人さまに面と向かって、よくぞ。

つくづくわたしは馬鹿でした。甘かったのですね。

わたしはそれまで、いろいろ問題はあっても、どこかでこの国の社会の健全性を信じていたのです。平和と平等の建前ぐらいは残っていたから、いまの自分もある。今後も迷走を重ねるだろうが、行きすぎがあれば、そのうち必ず軌道修正が図られるに違いないと、勝手に思いこんでいました。

しかし、三浦、江崎の両氏、この理事長氏と続くと、もういけません。日本の指導者層には、いわゆる戦後民主主義の建前そのものを憎んでいた人びとが大勢いたようです。そして今、彼らは新自由主義に基づく構造改革がもたらす格差社会を奇貨として、これをさらに押し広げ、積年の恨みを晴らすとともに、この国を従来にも増して自分自身や自分の一族に都合よく改造しようとしている。

いても立ってもいられなくなってきます。もはや「規制緩和の光と影」どころではありません。「光」も「影」も全体にかかるのではなく、一定のグラデーションを描きつつも特定の層に集中していきます。ということは、太陽なみの「光」を全身に浴びることのできる層と、幾重もの「影」に囲まれて「暗闇」に放り出されてしまう人間とを、人為的に生み出していく営みなのだとわかった以上、ジャーナリストのできることは決まっています。

『機会不平等』の出版

教育改革に関する取材が、『諸君！』に書く前提でスタートしていたことは、すでに述べました。保守論壇の牙城と言われた媒体だからこそ、多くの関係者たちが、いわば身内意識をもって「本音」を語ってくれたのでしょう。

ところが、彼らの発言を批判的にとらえるわたしの原稿は、案の定、同誌の編集方針とは相容れません。はたして掲載を断られた原稿は、雑誌記事というワンクッションを経ることなく、やがて二〇〇〇年一一月、イギリスに国際電話をかけてきた編集者とのコンビで文藝春秋社から出版された拙著『機会不平等』に、そのまま収められました。漢字五文字だけの鮮烈なタイトルは、発案者であり、「説明的な副題をつけるのが通例だ」という声が強かった幹部たちを説得した彼のホームランです。

この本でわたしは、以上のような教育改革の問題をはじめ、市場原理を絶対視した新自由主義に基づく規制緩和・構造改革が、すでに社会のあらゆる分野に浸透しつつあり、その姿を一変させようとしている予兆に警鐘を乱打しました。機会の平等という、戦後生まれの人間が尊厳を奪われないために必死に培ってきた大切な価値が、がらがらと音を立てて崩れていく実感。人それぞれ異なるスタートラインから出発するしかない人生を、あたかも公正な一〇〇メートル競争でもあるかのように見せかけ、あらかじめ有利だったゆえに勝った者を優遇し、あとは切り捨てるか道具のように使役するのが正義だと言わんばかりの将来ビジョン。戦後の日本の民主主義が大きな曲がり角に立っている現状を、細部にわたって報告したのです。

この潮流は「社会ダーウィニズム」の実体化だという論証も試みました。自然環境の変化に適応できない生物は淘汰され、適応できる生物だけが生き残るとする一九世紀イギリスの自然科学者チャールズ・ダーウィンの進化論の「適者生存」という考え方を、人間社会の説明に丸ごと当てはめる概念です。同じくイギリスの倫理学者ハーバート・スペンサーによって提唱され、当時の世界を支配していた帝国主義や、労働者の搾取を正当化する思想として欧米の政治家や資本家に大歓迎された経緯がありました。もっとも、先に教育改革国民会議の江崎玲於奈座長が口にした「優生学」の原型にもなってしまったため、第二次大戦後の先進各国ではなんとなく封印されていたのですが、ここにきて息を吹き返してきたということです。

相手が「社会ダーウィニズム」であれば、機会の平等が軽んじられるのは必然です。そんなものは自然の摂理に反するという理屈なのですから、下層にいる子ども、貧しい人間を尊重するべきだと考えるわたしが嘲笑されないほうがおかしい、ということになります。

だいぶあとになって、わたしは新自由主義の先駆けだったイギリスでも、かの理事長氏と似たような人が大勢いたらしい実態を知ることになります。二〇〇五年に東洋経済新報社から翻訳書が出た『ハードワーク――低賃金で働くということ』(椋田直子訳。原書の刊行は二〇〇三年)で、著者のポリー・トインビー氏が、こう書いていました。

恵まれた立場にいる人たちは何世代にもわたって、「実力本位」という言い訳に頼ってきた。貧しい家庭の子どもでも、賢ければ出世できる――これが本当なら、不平等な現実にも目をつむることができる。誰にもチャンスは平等にある、と信じ込むことさえできれば、恵まれた人たちも良心を痛めることなく、自分たちの暮らし方が正当化できた。しかし、この方便が通用しなくなってきた。なにしろ、中流階級へと続くはしごがはずされてしまったのだ。

わたしが『機会不平等』で危険性を指摘した規制緩和・構造改革路線は、その後の小泉純一郎政権で急進展しました。この間も時に「格差社会」や「子どもの貧困」の問題がクローズアップされたり、黙殺されたりをくり返してきましたが、現在の安倍政権は小泉時代もかくやと思われる荒業を駆使しながら、さらなる加速を図っています。

何をもってニュース・バリューとするのか

『機会不平等』はわたしにとって意義深い仕事でした。新聞や雑誌に多くの書評が載り、それなりに高く評価してもらえたこともありますが、何よりも、この本の取材、執筆、その後の反響などを通して、わたし自身がジャーナリストという職業人として生きていく意味を突き詰めさせられたからです。

規制緩和とか構造改革とか、あるいは新自由主義とかグローバリゼーションとか、あのころ嫌というほど聞かされた美名の数々の下で、その実、いかなる世の中が構想されているのか。わたしは取材で得た情報や知見、分析などをもとに、強い危機意識を広く伝えることができました。それを可能にしてくれたのは、わたしがジャーナリストを生業《なりわい》にしているからです。

誰もがブログやツイッターで情報を発信している時代です。職業ジャーナリストかどうかなんて関係ないと反論されるかもしれません。

でも、ここは言わせてください。わたしはほかのすべての職業の人びとを尊重したいと考えています。前記の中高一貫校の理事長氏のような意味での「職業に貴賤なし」とは、まったく違います。

できればみなさんも、ジャーナリストという職業の人間を、〝ツイッターみたいなことをしているだけでお金になる仕事〟などとは考えないでもらいたい。それはまあ、同業者のなかにはいいかげんな人もいるかとは思います。でも、この、昨今ではあまりよくないイメージのほうが強くなってしまったらしい職業名をいまだに名乗っている者の圧倒的多数は、このネット万能時代に、ともすれば失われかねないプライドを懸命に保ちながら、日々の仕事をしているのです。

何かすばらしいと思えるアイディアを思いついても、それだけでは書きません。プロのジャーナリストが書くにはまず、アイディアの前提となる知識や認識の裏をとる。たった一行のために何日もの手間と、何十万円もの費用をかけることも珍しくありません。

もうひとつ。『機会不平等』がある程度の反響を呼んだのは、三浦朱門氏や江崎玲於奈氏をはじめとする、教育改革関係者たちの本音を引き出したからだと、あちこちで言ってもらいました。では、それはわたしが優秀なインタビュアーだからでしょうか。違います。

彼らの多くは公職についていた人たちです。たとえば文部科学省の記者クラブに詰めている記者たちなら、日常的に接触し、その人柄も発想も熟知していたはずです。初対面の相手ばかりだったわたしより、はるかに有利な条件下にいたのですから。

こんなこともありました。わたしは教育改革に関する取材の成果を、活字にして発表する前に、あちこちでしゃべってしまいました。「なんだか俺、結構すごい証言とっちゃったな」という興奮と、例の『諸君!』への掲載がボツになり、第一報が単行本にまとまるまでに時間がかかったのとで、恥ずかしい話ですが、早く公にしたい気持ちを抑えられなかったのです。

話したなかには新聞記者や、雑誌編集者も何人かいました。なので、しゃべりながら、「俺って馬鹿だ。自分の特ダネをわざわざ他人に差し出してる。これじゃあ横どりされても文句も言えない」と心配になったりもしたのですが、結局、すべて杞憂《きゆう》に終わりました。

わたしの話を足がかりに取材を開始した記者など、ひとりもいなかったのです。思い返してみると、たとえば江崎玲於奈氏の優生学発言を伝えたときも、さほど驚かれもしなかったので、拍子抜けした覚えがあります。特ダネを尊重してくれた結果ならありがたいのですが、そうではなかったから問題なのです。結論を急げば、彼らはそこにニュース・バリュー(報道すべき価値)を見出さなかったのでしょう。

いくらジャーナリストでも、見聞のすべてを報道することは物理的に不可能です。そこでニュース・バリューの判断が重要になるわけですが、言うまでもなく単純なモノサシは存在しません。判断のためには、それまでに蓄えた知識、経験則、感覚、価値観などの一切合切を動員するしかないのです。『機会不平等』の仕事を通して、わたしはもしも自分にジャーナリストとしての存在意義があるとしたら、ここのところかもしれないと思いました。

教育改革の取材で、自分が立つべきスタンスを思い知らされたことが大きかったようです。自分にはフリーに必要な世界観が欠けていると感じて留学した数年前よりは、少しは成長したかなという実感と同時に、『週刊文春』の記者時代の、あるデスクのアドバイスを思い出しました。何かの事件で、他社が報じていない新事実をなかなか見つけられずに焦っていたわたしに彼は、

「貴男ちゃん、新事実だけで長い原稿を埋めようなんて思うなよ。絶対に無理だし、よそと同じ材料を使っても、書き方次第で〝見方のスクープ〟にできるんだから」

と、教えてくれたのでした。ただ……。

ただ、こうして『機会不平等』の出版にこぎつけたことを大いに喜びながら、出版の直前になると、わたしは言い知れぬ不安に苛《さいな》まれはじめるのです。

常に問い続けること

正直に書きます。言い知れぬ不安とは、こういうことでした。

このままだと日本社会の階層間格差がとめどなく拡大していく危険が大きいと警鐘を鳴らすことはできた。単なる思いつきではなく、取材を積み上げて裏づけたつもりである。同業者たち、少なくとも新聞や雑誌の組織ジャーナリストには先んじた自負はある。

だが、それはどこまでもわたしの狭い視界の範囲内で、こちらから焦点を合わせた一部の風景でしかない。「戦後民主主義の建前がまだしも生きていた時代」だなんて表現を、安易に多用してはいなかったか。

だが現実には、「そんな建前がどこにある」と言いたかった人びとが、戦後の日本にも、いくらでもいたのです。もちろん承知はしていました。だけどそういった具体的な差別のテーマはすばらしい報道も研究もたくさんなされてきているし、そこまで追いかけはじめたら、今回の仕事の趣旨があいまいになるとも考えて、『機会不平等』ではとくに言及しなかったのです。

「それでよかったのだろうか」と、土壇場になって思いました。もしかしたらあからさまな差別を受けてきた人たちは、この本に怒り狂うのではないか。なにも知らないくせに。鉄屑屋かなんか知らないが、しょせんは大学まで進ませてもらった都会のボンボンのくせに、差別される側の気持ちなんか、これまではまともに考えたこともなかったくせに。いざてめえがモロに見下される立場になったら、「社会ダーウィニズム」だと？　偉そうにって、自分だったら言いたくなるかもな、と。

怖くなりました。いえ、実際に抗議されるかどうかが、ではなく、そんなふうに思われる可能性を否定できない本を、世の中に送り出すことになっている自分自身が、です。

しかし出版とは、大企業のビジネスに比べたらうんと小さな規模とはいえ、多くの人びとの生活がかかっている事業です。今さら取りやめてもらう選択肢などありません。最後は「まな板の鯉」の心境でした。

不安が的中していなかった自信は、今もありません。抗議を受けたことは一度もなく、むしろ二〇〇三年ころから、つまり構造改革が格差社会をもたらすというテーマをマスコミの多くも報じるようになるころには、わたしが取材しなかったことを心苦しく思っていた在日韓国・朝鮮人や被差別部落、アイヌ、米軍基地の被害に苦しむ沖縄県民、障がいのある人びとの団体などからも、講演に呼ばれたり、機関誌への原稿依頼などが増えていきます。

わたしは安堵しつつ会場に赴き、または一生懸命に原稿を書きました。親しくなった人に、出版の直前に陥った不安を打ち明けて、どうするべきだったのでしょうかと、相談してみたこともあります。

「あなたはあなたが取材して、わかったことだけを書けばいい。知ったかぶりはかえって迷惑。そんなことをしなくても、あなたの心は、わたしたちにもちゃあんと伝わってるよ」

うれしかった。でも、ジャーナリストを名乗っている以上、相手の寛容に甘んじ続けていてはいけないのです。もっと精進しなければ。

釘を刺してくれた人もいます。女性団体の集会に招かれた際、司会の方が会場の人びとに講師役のわたしを紹介してくれながら、

「けさ、ここに来る前、友だちに『きょう、格差社会の問題を本にした斎藤さんという人の話を聞くのよ』と話したら、彼女、『どうせまた、これまで女を低く見ていた男性が、こんな時代になって自分も似たような立場に追い込まれ、慌ててるだけじゃないの？』なんて失礼なことを言うから、わたし、たしなめてやったんです。そういうことは、本を読んでから言いなさい、きっと言えなくなるからって。ね、センセ？」

場内爆笑。その場は冷や汗を流しながら乗り切ったわたしでしたが、己の未熟さを改めて反省せざるを得ません。ジャーナリストは絶えず自分自身の立ち位置を確認しながら歩まなくてはならないのだと痛感した夜でした。

6

岐路に立つジャーナリズム

「戦争のできる国へ── 安倍政権の正体」と題した講演を行う著者(九条医療者の会かごしま“戦後 70 年”記念講演会, 2015 年 8 月, 鹿児島市).

主張するジャーナリストたらん

今日の格差社会を予見した格好になった『機会不平等』刊行の前後から、わたしはさまざまなテーマに臨んで、自分自身の考えを明確に主張することをためらわなくなりました。コラムや時事評論の仕事に限らず、ルポルタージュの場合でも、取材対象の話や行動を描くだけでなく、それらについて「自分はこう考える」ということを、はっきり書きこむようになっていったのです。

具体的には、格差社会のほかに、同時並行で取材していた監視社会の問題をはじめ、グローバリゼーションそのもの、学校教育における「愛国心」の強制、言論統制への予兆、差別的な言説を弄しては強権的な政策を進めた石原慎太郎・東京都知事、消費税増税、原発、憲法改正問題……といったところでしょうか。議論がわかれやすいテーマをあえて取りあげ、問題提起をくり返してきたとも言えます。

もちろん、主張にはきちんと裏づけを示しているつもりです。ちょっとした思いつきを安易に公にしないのが、プロの物書きのルールだからですが、それでも反対の意見を持つ人々にはなかなか納得してもらえません。「戦争反対」と書いたり話したりするたびに、ネットや一部の雑誌などで「バカ、アカ、サヨク」などといった罵詈雑言《ばりぞうごん》を浴びせられるのは悲しいことですが、もう慣れっこになってしまいました。

本当は、たとえばプロ野球の剛速球投手の秘密とか、美に賭ける女優の情念とか、画期的な技術開発の物語とか、できることなら子ども向けの童話とか、たいがいの読者に共感してもらえそうなテーマも書いてみたいのですが、なかなかかないません。いまでも編集者の人たちには「そういうのも書かせてほしい」と提案はしているのですけれど、どうしても後回しにされがちなのです。

ずいぶん遠くに来たもんだ、と思います。『日本工業新聞』や『週刊文春』の記者だった当時は、自分がこういうふうになるなんて、考えてもみなかった。いつか自分の名前で本を出せるようになりたい夢をつむいではいたものの、あのころはただ、早く一人前の取材職人になりたい一心で、ことさらに何かを主張したいと思っていたわけではないのです。

議論がわかれるテーマを扱う場合でも、わたしはむしろ、双方の立場にいる人たちの言い分を紹介するのにとどめ、どちらが正しいとか間違っているとか、判断めいたことは留保しておこうと考えていました。新聞でも週刊誌でも、「事実をもって語らしめる」のが王道であり、判断は読者に委ねるべきだとするジャーナリズムの伝統的なセオリーを、折に触れて叩きこまれていたためでもあります。

ただ、わたしがフリージャーナリストとして独立した一九九〇年代は、それ以前よりもずっと、価値観の多様化が進んでいました。このことは、必ずしもポジティブな意味だけを意味しません。「事実をもって語らしめる」ためには大前提であるはずの、書き手と読み手の間の価値観の共有が、なかなか成立しない状況になったということでもあるからです。

そのような空気を、わたしは一九九〇年代の半ばころから、強く感じていました。いいえ、イギリス留学を決意するきっかけになった「自分には世界観が欠けている」という自覚は、すでにその予感だったのかもしれません。

いずれにせよ、前章の最後に述べた『機会不平等』出版直前の不安と反省から、わたしは差別の問題を少しずつ勉強するようになり、そのことが次第に、幅広いテーマへの関心につながっていきます。と同時に、もはやテーマによっては「事実をもって語らしめる」だけでは、取材を通してわかったこと、考えたことを、読者に十分には伝えきれない時代に入ったのではないかと感じたのでした。

自分の考えが常に正しいなどとは思わない。ただ、世の中には分野ごとにすばらしい専門家がいて(もちろん専門家でない優秀な人もたくさんいるけれど)、とくに専門をもたないジャーナリストが、問題意識をもって資料を読みこみ、多様な立場の人たちに体験や意見を聞いて回った末にプロの物書きとしてたどり着いた結論には、専門家とはまた別の視点の、一定の真実が含まれてもいるに違いないとは思うのです。

長くジャーナリストを続けている者なら誰でも、そう感じる瞬間があるはずです。それでどうするのかは人それぞれですが、わたしは、「だったら書かなくちゃ」と感じました。そして実行した最たるものが、憲法改正問題にかかわる取材です。

以前のわたしには、憲法に対する関心など、ほとんどありませんでした。大学の一般教養で履修した覚えはあるけれど、どうにか「不可」にならずに済んだ程度です。日本国憲法の三大原則である戦争の放棄も国民主権も基本的人権の尊重も、そんなものは当り前だとしか考えていなかったし、それらを強調するのに日本国憲法を盾にとる理論派きどりも好きでなかった。どんなに立派な憲法だろうと、しょせんは国家権力が定めたものでしかないじゃないかということと、その制定も敗戦後の占領下で、アメリカの主導で行われたという経緯が、やはり気に入らなかったのです。

ですが、二〇世紀の末ころから、平和や平等という価値観のことごとくが崩されていく、あるいは、そういった言葉の意味そのものが変質させられていく奔流《ほんりゅう》に直面したとき、わたしは日本国憲法の意義を思い知りました。詳細をここで論じる余裕はないので、関心のある読者には拙著『ルポ　改憲潮流』(岩波新書、二〇〇六年)や『戦争のできる国へ　安倍政権の正体』(朝日新書、二〇一四年)あたりをぜひ読んでみていただきたいのですが、要はわたしが当たり前だと受けとめ、謳歌し続けたものは、確かにこの憲法によって保障されていたのだということ。制定の経緯はどうあれ、それから半世紀以上が経過したいま、それは当時のアメリカの思惑を超えて、わたしたち自身によって獲得されているのだ、ということです。

改めて問うジャーナリストの役割

前章まで、主にわたしのジャーナリスト体験を述べてきました。たいした志も自覚もなく足を踏み入れて以来、わたしなりに「ジャーナリストの役割とは何か?」を身もだえしながら考え、活動してきたつもりです。自問自答はいつまで経っても終わりません。

ジャーナリズムの役割については、多様な考え方があると思いますが、わたしは「権力のチェック」が最大かつ基本中の基本であると断じます。本章ではそのことを改めて考えてみたいと思います。

わたしたちの社会は、自由主義の原理のうえに成り立っています。個人の自由は法律に違反したり、他人の権利を侵害したりしない限り、その権利が最大限に尊重されるのが原則です。思想信条の自由、言論表現の自由などは、日本国憲法でも明確に認められています。

自由社会においてとくに重要なのは、民主主義の政治体制をとっていることです。共産主義社会のように特定の政党が国家社会の方向性を決めるのでも、独裁体制のように特定のリーダーに対する忠誠を強いられるのでもなく、構成員の総意で国や社会の方向性を決めていこうという体制です。とはいえ現実には選挙で代表者を選び、構成員の意志はその人たちを介してしか反映されない「間接民主主義」がとられることになるので、当然、限界もあります。自分たちの考えが、すぐに政治に反映されるわけではありません。

だからこそ、主権者たるわたしたちには「知る権利」があります。代表者としての政治家や、その実務を担う官僚のような、わたしたちに付託された権力で社会を動かしている人たちが、本当にわたしたちの望む通りの仕事をしているか。わたしたちをだましていないか。彼らの行動が、本当にわたしたちのためになっているのか。国家社会の主人公であるわたしたちがしっかりと判断するためにも、為政者たちが何をしているのか、何を考えているのか、などを知ることが、どうしても必要なのです。

注視すべき対象は政治家や官僚だけではありません。日本は自由主義社会だと述べましたが、その一方で、「新自由主義」と呼ばれる近代経済学の思想潮流が深く浸透しつつあります。第4章や第5章ではあまり踏みこめていないきらいもあったと思いますが、何が「新」なのかといえば、要は「自由」の主体を「個人」ならぬ「資本」に置く考え方と解釈して差し支えないでしょう。

そのような社会においては、巨大な企業、とりわけ世界規模でビジネスを展開しているグローバルな多国籍企業のもつ力は強大です。これらが合従連衡をし、一体化しつつあるのが現代の権力なのであって、とすればジャーナリズムの役割も、それらすべての監察にならざるを得なくなります。

ジャーナリズムの由来については諸説ありますが、歴史的には、近代における新聞の勃興とともに発展してきた営みであることは間違いありません。ヨーロッパ世界では、一七世紀の絶対王政下において市民的自由を求める運動のなかから、出版の自由や言論の自由などが獲得されていきました。かくて次々に新聞が創刊され、権利としての報道の自由、言論の自由が広がっていったのです。ジャーナリズムの発達は民主主義の発達とともにありました。ジャーナリズムは、いわば民主主義社会にとって必要不可欠な機能といえるでしょう。

「知る権利」の行使こそ使命

あらかじめ断っておくと、わたしはなにも、「権力者は必ず悪事を働く」と思いこんでいるわけではありません。基本的には彼らなりの善意を疑うつもりもない。しかし、権力の判断が一般市民に多大な不利益をもたらす場合があります。また、そもそも独善的に進める政策があやまった情報や判断に基づいている場合も少なくないのです。権力者はそして、自分たちの不利になる情報を隠したがるのが通例です。

いくつもの世論調査で「反対」が過半数を占めていたにもかかわらず、二〇一三年一二月には特定秘密保護法が成立し、翌一四年一二月に施行されました。政府が日本の安全保障上、秘密とすべきだとみなした情報を「特定秘密」に指定し、それを漏洩《ろうえい》したり取得した者は、最長で懲役一〇年の厳罰を科されるという法律です。この法律のもとでは、政治家や官僚によって恣意的に「特定秘密」を決められてしまうおそれがあるとは、かねて指摘されているところです。「由《よ》らしむべし知らしむべからず」は、二一世紀の日本でもなお、権力者にとっての〝夢〟であり続けているようですね。

相手の情報をより多くつかんでいる側が圧倒的に有利なのは、古今東西、あらゆる局面で言えることです。権力の側は出生届にはじまって、住民登録や義務教育、徴税などを通じて、わたしたちを掌握しています。民間の巨大企業もクレジットカードの履歴やインターネットのアクセスログなどの「ビッグデータ」をくまなく収集している。「マイナンバー」が本格的に動き出す二〇一六年以降は、わたしたちの個人情報や行動履歴は丸裸にされ、一挙手一投足のほとんどすべてを握られてしまうことになるでしょう。

〝神の目〟をもつ権力が独善に陥ったら、地べたをはいずりまわるわたしたちひとりひとりの存在など、アリも同然。何をされても手も足も出なくなってしまいます。対等は無理でも、せめて権力の動きの一部でも、彼ら自身の宣伝によらずに承知しておかないと、わたしたちの社会には「支配」と「被支配」の関係だけが遺されかねません。

市民の「知る権利」を代行してくれる職業は多様です。研究者や法律家、さまざまな分野の専門家も、その役割の一翼を担ってくれています。でも、「知る権利」の行使を使命とし、極論すれば、まさにその機能を期待されているがゆえに存在を許され、生活費を得ているのが、ジャーナリストという職業なのです。

権力の情報を引き出すには、それ相応のスキルが必要です。また、そうしてつかんだ情報を広くわかりやすく伝えるのにも技術と経験が求められます。そもそも重要な情報とは何か、いまどんな情報をつかむ必要があるのか、といった事前の見立てだって、簡単にできるわけではありません。

ところが、こうしたジャーナリストの総体としてのジャーナリズム本来の機能が、近年、どんどん弱体化しているように思われてなりません。第1章でも問題を提起しておきましたが、とくに新聞やテレビのような大手のマスメディアは、「アリ」のような低い目線から権力をチェックするのではなく、むしろ権力の側と同じ視点で市民を眺め下ろして、そのプロパガンダ機能に成り下がろうとしているようにさえ見えます。

同じように考えている人は少なくありません。ネット上にはマスメディアに対する批判的な言説があふれています。わたしも市民団体の講演などに赴くと、業界の代表として話しているわけでもないのに、みなさん、「飛んで火にいる夏の虫」という感じで、「マスコミは何をやっているのか」と責められる今日このごろです。

もっとも、既存のマスコミに対する不信は日本に限ったことではないようです。海外でもよく似た傾向が見られ、新聞の購読者が急速に減り、経営難のために新聞社が倒産するなどの事例も報告されています。しかし日本のジャーナリズムはいま、そうした国際的なマスコミ不信、あるいはジャーナリズム機能の低下といった問題とは次元の異なるレベルでも、危機に見舞われているのではないでしょうか。

民主主義にとってジャーナリズムが必要不可欠である以上、ジャーナリズムの危機は、すなわち民主主義の危機にほかなりません。そして民主主義の危機は、社会の危機そのものなのです。

「従軍慰安婦」検証報道と朝日バッシング

『朝日新聞』が二〇一四年八月五、六日の二日間にわたり、戦時中のいわゆる「従軍慰安婦」に関する過去の報道について検証特集を組みました。アジア太平洋戦争の戦場に設置され、その管理・運営に旧日本軍も関与していた「慰安所」で、兵士たちの性の相手をした女性が慰安婦です。日本人女性や当時は日本の植民地だった朝鮮半島や台湾、日本軍が侵攻した中国、フィリピン、ビルマ(現・ミャンマー)、マレーシアなどの女性を甘言などでだまし、ときには強制的に慰安婦に仕立てていきました。あまりに悲しく痛ましいことですが、これらは当事者たちの証言だけでなく、歴史的な資料にも裏付けられた事実です。

慰安婦問題に注目が集まったのは、一九九〇年代のはじめです。戦時中に「朝鮮半島南部の済州島《チェジュド》で二〇〇人もの若い朝鮮人女性を(慰安婦に)狩り出した」と戦後になって証言した、元山口県労務報国会下関支部動員部長を名乗る吉田清治という男性（故人）の話を、大手のマスメディアが報道しはじめてから、すでに一〇年ほどが過ぎていました（『朝日新聞』では一九八二年九月二日の大阪本社版に初掲載され、その後、確認できただけで一六回、記事を掲載したとのこと）。

この、いわゆる「吉田証言」の真偽は、当初から専門の研究者たちの間でも怪しまれていました。その疑惑を『産経新聞』など保守系とされるメディアが大きく取りあげ、「『朝日新聞』のねつ造だ」と、激しく批判するようになっていったのです。もっとも、「吉田証言」を事実として報じたのは、朝日だけではありません。産経をはじめ、大手の新聞はどこもかなり長い間、ほぼ同一の歩調をとっていました。

二〇一四年夏の『朝日新聞』の「慰安婦報道」特集は、同紙の一連の報道を自ら再検討したものでした。それによれば、「吉田証言」については「虚偽」と断定。これに基づいた自らの報道は「誤報」だったと認め、また軍需工場などに動員された朝鮮人女性らの「女子挺身隊《ていしん》」と慰安婦との混同などもあったとして、記事の一部を取り消したり、裏づけ取材の不十分さへの「反省」を表明しつつ、だからといって慰安婦問題の本質は変わらないので、それら不正確な報道の存在を根拠とした「『慰安婦問題はねつ造』という主張や『元慰安婦に謝る理由はない』といった議論には決して同意できません」と、編集担当役員の署名で総括したのです（八月五日付朝刊)。

ところが——。

権力批判は「国益」に反するのか

「朝日バッシング」が吹き荒れました。朝日の「反省」は、旧日本軍がかつて中国や朝鮮半島などで行った侵略行為を正当化したい、慰安婦が存在した史実そのものを「なかったこと」にしたい勢力を活気づけてしまったのです。彼らは、旧日本軍の関与や、慰安婦への強制性は否定できないので、朝日が「吉田証言」を長期間にわたって取り消さずにいたことに焦点を当てて、集中砲火を浴びせました。そして、この検証報道での朝日の「反省」を拡大解釈する形で、大々的なキャンペーンが繰り広げられることになっていきます。

保守系と呼ばれる新聞や雑誌による「朝日バッシング」は、マスコミ業界の内側にいるわたしから見ても、尋常ならざる事態でした。『週刊文春』や『週刊新潮』にはネット右翼さながらの「売国」「国賊」「反日」などといった暴力的なキャッチコピーが踊り、ということは新聞広告や通勤電車の中吊り広告にもあふれて、人びとを扇動します。さすがに新聞はその手の卑語を避けてはいましたが、国内最大部数を誇る『読売新聞』は、この機に乗じて『朝日「慰安婦報道」は何が問題なのか』と題する冊子をつくって各戸に配布するという、前代未聞の拡販活動まで行っています。

絶句するしかありません。新聞社も企業ですから拡販活動も結構ですが、仮にも言論を扱う組織である以上、ほかのどの分野の企業よりも、節度というものが求められるのではないでしょうか。ところが読売新聞社のやり方は、たとえて言えば、自動車メーカーがライバル社のクルマは欠陥車だと言いふらして歩くようなものでした。悪徳商法でもあるまいし、ジャーナリズムがどうのこうの以前に、企業、さらにはその構成員ひとりひとりの人間としての品性が問われるべき事例だったと考えます。

いったいどういう時代なのかと天を仰ぎつつ、わたしにはやはり、古巣『週刊文春』の姿勢がショックでした。昔から保守系と評されてはいましたが、修業時代のわたしが在籍していたころは、保守系ならではの鷹揚さや自由闊達さがまだまだ残っていて、大いに学ばせてもらったものです。いまでも足を向けては寝られないほど感謝していますが、ああ、それなのに——。

かなり前から妙な感じにはなっていました。二〇〇〇年代の前半、まだ小泉純一郎政権のころあたりから、同じ文藝春秋社の『諸君!』や『文藝春秋』が、どんどん権力寄りになっていったのです。二〇〇六年に第一次安倍晋三政権が誕生すると、その傾向はますます強まり、〇九年の民主党への政権交代、一二年末の自民党政権奪還・第二次安倍政権と続くにおよんで、『週刊文春』までがそんな雰囲気になってしまったのが残念でたまりません。一五年に入り、現実に解釈改憲に基づく安全保障法案の国会審議がはじまって以降はいくぶん落ち着きを取り戻したようではありますが、一時は中国人や韓国人に対するヘイト・スピーチまがいの記事も珍しくなくなっていましたね。

ここで古巣の批判をするつもりはありません。ただ、わたしは『週刊文春』を基準にジャーナリズムというものを考えていた時期が長かっただけに、そこの変容が、まるで日本のジャーナリズム全体の堕落に見えてしまうのです。そして、それは「当たらずといえども遠からず」だとも思っています。

そう言えば、かつては名門の名をほしいままにしていたのですが、現在は読売新聞社の系列下にある中央公論新社の月刊誌『中央公論』は、『朝日新聞』の慰安婦報道検証を受けて、「メディアと国益」と題する特集を組んでいます(二〇一四年一一月号)。のちに集団的自衛権の行使容認を安倍首相に提言することになる有識者会議「安全保障の法的基盤の再構築に関する懇談会」を実質的に取り仕切った北岡伸一《しんいち》・国際大学学長の「権力批判は国益を損ねる」と言わんばかりの論考が、まるで版元の中央公論新社の社論でもあるかのような体裁で掲載されていました。

くり返しますが、ジャーナリズムの基本的な役割は「権力のチェック」であるはずです。権力を批判することが「国益を損ねる」というのであれば、ジャーナリズムなど必要ありません。政府や巨大企業の発表をたれ流すだけなら、インターネットと、機械的な作業をこなせるアルバイトの学生がいれば事足ります。そんなことで民主主義が成り立つはずがありません。

「国益」とは何でしょう。権力の横暴を批判し、正していくことこそが、ジャーナリズムが果たすべき「国益」です。権力の側にいる人びとが言うところの「国益」は、とかく「権力益」や「大企業益」だけを指していることが多いようです。ジャーナリズムが「国益」論を振りかざす場合は、このあたりの議論をよほど詰めてからにしてもらわなくてはなりません。

ともあれ一連の「朝日バッシング」は、日本の民主主義のレベルが著しく劣化している現状を世界中にさらけ出してしまいました。大喜びしたのは安倍首相です。かねて大日本帝国時代の行為を批判的にとらえる歴史観を「自虐的」だと切って捨て、当時の〝栄光〟を讃《たた》えたがっていた彼は、たとえば同年一〇月六日の衆院予算委員会で、勝ち誇るように答弁したのでした。

この朝日新聞の慰安婦問題に関する誤報により、多くの人が苦しみ、そして悲しみ、そしてまた怒りを覚えたわけであります。そして、日韓関係に大きな影響、そして打撃を与えたとも言える、このように思います。そして、国際社会における日本の、日本人の名誉を著しく傷つけたことは事実であります。こうした誤報を認めたのでありますから、この記事によって傷つけられた日本の名誉を回復するためにも今後努力していただきたい、このように思います。

カン違い記者の横行

どうして、こんなことになってしまったのでしょうか。

それぞれの仕事や生活に忙しい人びとの代わりに、権力の動きを監視し、広く報告する。誰にでもできるわけではない重要な役割を担った、または担おうとしてきたから、ジャーナリストは、専門的な職能をもった職業人として、社会から一目置かれてもきました。欧米のジャーナリズムに携わる人びとは、医師や弁護士といった専門的な職能集団と同等か、それに近い地位を与えられていると伝えられます。

しかし一方で、そのような立場を与えられた人間は、ともすると己も「エリート」の仲間だと勘違いしてしまいがちなのも確かです。なかでも新聞は、近代以降の長い歴史をもち、ジャーナリズムの発展を形成してきた中心的なメディアであるだけに、とりわけ大手紙の記者には、その傾向が甚だしいかもしれません。なにしろ小さな産業専門紙の若手でしかなかったわたしでさえ、記者クラブに守られ、高級官僚や大企業の幹部と日常的に交わり、いつでも話ができる立場にいると、恥ずかしい話ですが、そんな気になったことがないわけではないのです。

自分自身が偉いわけでもなんでもないのに。相手はただ、わたしの所属している新聞社の影響力に気をつかっているだけなのに。

わたしの場合、自分の勘違いにわりあい早く気づくことができたのは、こんなことがあったからです。ある大手鉄鋼メーカーの製鉄所見学会に記者クラブのみんなと一緒に参加して、その夜は超一流の料亭で、お酒の接待を受けました。芸者さんたちも来て、踊ったり歌ったりしてくれていましたね。そうしたらその会社の常務さんがお酒をついでくれて、酒席のマナーなど知らない若造のわたしがただ飲んでいたら、この方が、「斎藤さん、お流れをください」と言って、正座されたんです。

「お流れ」というのは、「目上の人から受けた杯についでもらうお酒」のことです。還暦をすぎた、大きな会社の重役さんが、まだ二三歳か二四歳だったわたしに、その「お流れ」をくれだなんて。

おそろしく非常識な話です。仮にわたしがその会社にものすごく食いこんでいて、スクープをガンガン飛ばしているような記者だったとしても、ですよね。しかも実際は、その会社を担当していたのはわたしの先輩で、わたし自身はあくまでもサブ担当として、何度かあいさつしたぐらいの関係でしかなかったのですから。

酔いがいっぺんに覚めました。常務さんにとっては単なる接待でも、こちらはそれだけでは済みません。こんなことに慣れてしまったら人間が腐ると思い、これも新聞社を離れようと考えるきっかけのひとつになったのです。

エリート意識を患《わずら》ったジャーナリストほど厄介《やっかい》なものはありません。権力をチェックするという己の存在理由《レゾン・デートル》を忘れ、むしろ否定し、あまつさえ権力の側に立った〝報道〟をくり返しては、ナチス・ドイツの宣伝担当大臣だったゲッベルスよろしく、読者を彼らに都合よく誘導する、おそろしく罪深い人間になっていく。

もちろん当の権力者たちには陰で嗤《わら》われています。わたしは、「連中は、エサ(情報のリーク)をやりさえすれば、いくらでも都合よく動いてくれるイヌっころ」だよと、記者クラブの記者たちのことを評した高級官僚ＯＢに会ったことがあります。無礼すぎる物言いに、しかしわたしは、にわかには反論できませんでした。

日本の組織ジャーナリストは、こうした状況に無頓着すぎたのではないでしょうか。もはや存在理由も見失っているくせに、みにくい選民意識ばかり強い。最近しばしば聞かされる「マスゴミ」だなんて蔑称には、わたしも業界の人間として許せないものを感じもしますが、こうした態度を見透かされたあげくの評価なのだとすれば、いたしかたないのかもしれません。

ネット言説に引きずられる〝プロ〟

日本のジャーナリズムの危機が加速した背景には、この間のメディア環境の変容も大きく影響しているように思います。具体的には、インターネットの急速な普及です。

以前は社会の不特定多数に情報を発信できるのは、ジャーナリズムに携わっているか、そこにアクセスできる立場の人や組織に限られていました。政府や巨大企業といえども、直接の発信は難しかったので、記者クラブを利用していたのです。

しかし、いまや、誰もがブログやツイッターで、世界中に向けて情報や意見を発信できる時代です。政府や企業、政治家、スポーツ選手、タレント……、例外はありません。簡単に言ってしまうと、記者会見や記者クラブに配布される資料などによって情報を発信したい側の伝達役しかできないのなら、新聞なんて、もういらないのです。テレビも雑誌も、われわれフリーの人間も同様。

わずかに残されたジャーナリズムの存在意義は、しつこいけれど「権力のチェック」です。発信される情報には必ず目的があります。政策を支持してもらいたい、新しい商品を売りたい、親しみやすさをアピールして人気を高めたい、等々。

それらが悪いと言いたいのではありません。宣伝だって大事な情報ではあります。ただ、それだけでは、世の中が強い立場にある人びとの思いのままにされてしまう。

だからジャーナリズムが必要なのです。なにも政財官界のスキャンダルを暴く大スクープでなくても、記者会見だけではわからない構造的な問題を解説したり、嘘ではないがマイナス面を巧みにごまかしたニュースリリースの行間を読んでみせたりといった営みが、絶えず重ねられていなければなりません。

権力をもたない人びとのブログやツイッターにも、そうした意義をもつものが少なくないように思います。ですが、多くはそうではない。あくまでも個人メディアなのですから当然だし、それはそれでよいのですが、玉石混交《ぎょくせきこんこう》の〝石〟のほうは、単なる思いこみというだけならまだしも、でたらめな誹謗中傷のたぐいが、あたかも真実であるかのように書かれ、まき散らかされたりもしています。プロのジャーナリストもときには間違いを犯しますが、この点が決定的に違う――と、声を大にして言いたいところなのですけれども……。

必ずしもそうは言いきれなくなっているのが大問題です。近ごろのプロは、往々にして、ネットにあふれる差別的な言説に引きずられてしまってはいないでしょうか。例の「朝日バッシング」のごときは、まさにその典型例でした。

ツイッターで暴言をつぶやいて非難され、謝罪に追いこまれる政治家があとを絶ちません。安保法制に反対する学生グループを、「彼ら彼女らの主張は「だって戦争に行きたくないじゃん」という自分中心、極端な利己的考え」と、およそ幼稚な思いこみで攻撃した自民党の政治家が、そのあとで金銭トラブルなどのハレンチ行為を次々に暴露され、ついには離党させられた顚末は、二〇一五年現在のこの国の政治家のレベルをよく表していましたが、ジャーナリズムも彼らを笑えません。政治とジャーナリズムが肩を組んで劣化してしまったのであれば、いよいよ末期症状です。

不可解な『朝日新聞』の対応

もう一度、『朝日新聞』の話題に戻ります。こだわりすぎだと思われるかもしれませんが、この新聞社の動向は、わたしにとっての『週刊文春』とは桁の違うスケールで、日本のジャーナリズム全体のあり方を左右しかねないので、こだわらないわけにはいかないのです。

　個人的にも親しい記者が何人かいますし、さかのぼれば『日本工業新聞』に在籍していたころ、いかにも業界紙っぽい仕事をやらされたときなど、「いいなあ朝日は。こんなことしなくてよくて」とうらやましがったりもしました。それが嫌で記者クラブの片隅で嘆いていたら、隣の席の『日刊工業新聞』のベテラン記者に、「うっとうしいんだよ、おまえは。オレたちは普通の新聞記者と違うんだ。朝日や毎日に入れなかったおまえがバカなんじゃねえか」と、怒鳴りつけられたこともあります。

　つまり、あこがれでした。それだけに昨今の『朝日新聞』には、危なっかしさを感じてなりません。不可解だとさえ思います。

　例の慰安婦報道で、どうして朝日は、「吉田証言」の誤りを、いつまでも放置し続けたのか。それほど深い意味もなく、慰安婦の存在そのものを否定したがる勢力やマスメディアから批判されただけに、引っ込みがつかなくなってしまったという程度のことだったのかもしれませんが、早めに手を打っておかなかったツケが、ここに来て、事態をよりいっそう悪化させたのです。

「吉田証言」が間違っていようと、慰安婦問題の本質は変わらないというのであれば（わたしも同感ですが）、こんどこそしっかりした証拠なり証言を取ってくる。その上で反省でも記事の取り消しでもすればよいのです。虚偽性が指摘されてから二〇年以上がたってしまった二〇一四年夏の段階であっても、検証記事に対するバッシングを受けたら、それら新事実を突きつければ、慰安婦否定論者を完膚《かんぷ》なきまでに叩きのめせたではないですか。

朝日新聞社と安倍政権の間には、もともと浅からぬ因縁があります。二〇〇一年一月にNHKが放映した慰安婦問題のドキュメンタリー番組「問われる戦時性暴力」（ETV特集「シリーズ戦争をどう裁くか」第二回）の内容を事前に察知した安倍氏（当時は自民党幹事長代理）らが、番組内容を変更するようNHKに圧力をかけており、この事実を二〇〇五年一月に報じた朝日側と鋭く対立する関係になっていました。

『朝日新聞』はそのときも、社長が記者会見を開いて、満天下に頭を下げています。記者たちは安倍氏本人のインタビューにも成功し、自らの行動を認める証言も得ていたので、記事の訂正にも至らなかったのですが、では社長は何に対して陳謝したかというと、そのインタビューを起こした記録が月刊誌にすっぱぬかれたことが、報道機関としての「信頼を損ねた」ためだという体裁です。とはいえテレビに映し出された光景は、権力の猛攻に屈しつつある大新聞の醜態でしかありませんでした。

そのような経緯があっての、今回の慰安婦報道検証特集であり、朝日バッシングだったのです。負けたらあとがない。にもかかわらず、『朝日新聞』は反撃のカードを用意するでもなく、ただ殴られた。サンドバッグにされるがままだった。新事実の発掘がたやすくないのは言うまでもありませんが、そんなことは理由にならない。あの惨状はまるで、自ら積極的に負けたがっているように見えました。

「吉田調書」取り消しで何がもたらされるのか

朝日新聞社のトップは二〇一四年九月、バッシングのただ中で、またしても記者会見を開きました。こんどは木村伊量《ただかず》社長が「誤報」を認め、記事を取り消して謝罪したのですが、それは慰安婦報道についてではなく、以下に述べる「吉田調書」報道について。慰安婦問題の「吉田証言」と名前も重なりますし、なんともややこしいのですが、適当に済ませてよい問題ではないので、我慢して読んでください。

「吉田調書」とは、二〇一一年三月の東日本大震災で爆発事故を起こした福島第一原発の吉田昌郎《まさお》所長(当時。故人)が、生前、政府の事故調査委員会(政府事故調)に語り残していた証言の非公開記録です。『朝日新聞』の特別報道部の記者が独自に入手し、一四年五月に一面トップでスクープしました。

記事によると、「東日本大震災四日後の二〇一一年三月一五日朝、福島第一原発にいた東電社員らの九割にあたる約六五〇人が吉田所長の待機命令に違反し、一〇キロ南の福島第二原発に撤退した」。「所長命令に違反 原発撤退」「福島第一 所員九割」の大見出しが衝撃的でした。

ところが八月に入り、慰安婦報道をめぐる朝日バッシングで日本中が騒然となっていたころ、『産経新聞』や『読売新聞』も吉田調書を入手し、「朝日は調書を誤読している」と報じたのです。原発の所員たちは誰も命令にそむいてなどいないのに、あえて曲解して、彼らと東京電力の名誉を貶《おとし》めた、というのです。

九月になると、この「吉田調書」を政府が公開しました。読みくらべてみると、確かに朝日の記事は単なる調書の引用にとどまっておらず、やや大げさな表現で補足している部分も目立ちます。「吉田証言」にはじまった朝日バッシングは、「吉田調書」というガソリンが注がれて、さらに燃え広がっていきました。

しかし、この「吉田調書」のスクープは、ほかならぬ社長によって、こうも単純に誤報扱いされ、取り消されなければならないものだったのでしょうか。違います。

政府事故調は原発事故について、合計七七二人の関係者に聴取していながら、このような経過の末に公開された「吉田調書」以外はオープンにしていません。「我々のイメージは東日本壊滅。本当に死ぬかと思った」という、現場の最高責任者だった吉田所長が政府に伝えた生々しい記憶さえも、朝日のスクープがなければ、永久に秘匿されたままであり続けたのです。そのことがどれだけ「国民益」に反するか。「権力益」や「企業益」にはなっても、将来のエネルギー政策を誤らせていくことか。

そうであれば、記事の一部に勇み足が見られたとしても、記者たちの調査報道への取り組みを高く評価し、外部の攻撃から守ってやるのが、新聞社の経営者が取るべき務めではなかったのでしょうか。にもかかわらず木村社長は安倍政権やそれに近いマスメディアに平伏《へいふく》し、彼らを切り捨て、吉田所長や現場の原発作業員たちは批判の許されない英雄であり、彼らが勤務する東京電力に瑕疵《かし》などあるはずがないという印象操作の、あろうことか主役になってしまったのです。

そして当然のことながら、細かな部分になど関心のない世間は、「バッシングの波にのまれた『朝日新聞』のトップが政府に謝っている、慰安婦報道だって似たようなものだろう」と受け止めました。九年前の、NHK番組改編事件報道のときと同様の構図が、さらに深く、傷口をジャーナリズム全体に広げていきました。

調査報道の否定

こうした状況は、原発事故や慰安婦にとどまらず、調査報道全般の否定につながりかねません。調査報道とは「当局者による、「発表」に依拠することなく、独自の問題意識をもって、隠れている・隠されている事象を掘り起し、報道すること」（武田徹・藤田真文・山田健太監修『現代ジャーナリズム事典』三省堂、二〇一四年）のことで、それだけに誤報もつきものです。そうならないように手を尽くすのは当然ですが、警察のような捜査権限をもっているわけではないジャーナリストには、一〇〇パーセントの裏づけをとることができないケースもあるわけです。

そのときはどうするか。問題の中身や対象、時と場合にもよるとしか言いようがありませんが、いま報道する価値がある、という判断に確信を持てれば、報道します。判断するのはジャーナリスト自身であり、そこにはせんじ詰めてしまえば主観的とも言える基準も動員されます――などと書くと、公平、中立でない報道は偏っている、と反論されるでしょうか。

そんなことはありません。というより、ジャーナリズムにおける公平、中立というのは、特定政党の党利党略に乗らないということであって、単なる両論併記や、対立する議論を足して二で割ること、権威によりかかることなどを意味してはいないのです。

逆の見方をすれば、調査報道とは最終的にジャーナリスト自身の主観的な判断によるものである以上、別の価値観によって批判にさらされることもあり得ます。その批判に堪えうるだけの考え、判断力、そして覚悟を備えていてこその、プロのジャーナリストだということになりそうです。実際、この「吉田調書」報道についても、最初にスクープを放った朝日の特別報道部の記者たちは、二の太刀《たち》、三の太刀を準備していたとか。まことに健全なあり方だったとわたしは考えますが、残念ながら、ジャーナリズムの理念よりも組織の安泰と上層部の保身が優先された姿勢が、記者たちの志を打ち砕いたのでした。

『朝日新聞』の記者たちは、こんなことで志を曲げるほどヤワではないと信じたい。でも、いくら取材しても経営者が編集の現場に介入したり、編集幹部が経営者の意向を忖度《そんたく》するような状況が常態化すれば、人手や経費が余計にかかって、権力やスポンサーに嫌がられる調査報道は衰退します。そのようなメディアが増えていけば、わたしのようなフリージャーナリストも、発表の舞台は雑誌や新聞に求めているのですから、やはり締め出されます。

では調査報道のない新聞や雑誌はどうなるのか。ネットの時代に発表ものばかりのメディアは存在意義を失うので、軒並みつぶれてしまうでしょう。

くさいものにフタをする習性

二〇一五年一一月現在、『朝日新聞』はまずまず、がんばっているように見えます。あくまで相対的な印象で、どの報道がどうだとはいちいち挙げませんが、失礼な言い方を許してもらえば、「腐っても鯛」だな、と思わされる報道が幾度もありました。

ただし、鯛は鯛でも、腐りかけた鯛であることは否めません。というのは、「吉田調書」の報道に関して木村社長が謝罪した翌月の一〇月に発足させた第三者による慰安婦報道の検証委員会(委員長＝中込《なかごみ》秀樹・元名古屋高裁長官・弁護士)が、一二月下旬には報告書をまとめており、紙面でも大きく報じているのですが、その取り上げ方がひどかったから。

報告書は、『朝日新聞』の一連の慰安婦報道を、「読者の信頼を裏切るもの」だとして全面的に批判しました。「女性たち全員が強制的に連行されたという思いこみや先入観によって、長らく記事の修正を拒む結果を招いた」などといった具合に、安倍政権や政権に近い新聞の主張とも重なる表現を多用し、「ジャーナリズムのあり方として非難されるべきだ」と断罪しています。そして『朝日新聞』は、木村伊量社長に代わって就任した渡辺雅隆社長の名義で、この報告を受けて、「重く受け止めております」「朝日新聞社を根底からつくりかえる覚悟で改革を進めることを約束いたします」とする宣言を、朝刊の一面に掲載したのでした。

第三者委員会を設置しておいて、その報告書を尊重しないわけにはいきません。ですからこの宣言だけをもって、『朝日新聞』が過去の慰安婦報道を自ら全否定したということにはならない理屈ではありますが、本当にそうでしょうか。

第三者委員会の委員名簿に、北岡伸一・国際大学学長と岡本行夫《ゆきお》氏の名前があるのが気になります。北岡氏はすでにふれたように、安倍政権に集団的自衛権の行使容認を提言した中心人物。例の『中央公論』の「メディアと国益」特集でも巻頭論文を書いていました。

岡本氏は外務省の北米局勤務が長く、安全保障課長や北米第一課長などを歴任し、退官後も親米派の外交評論家として活動しながら、いくつもの政権で内閣総理大臣補佐官や外交顧問を務めてきた人物です。安倍政権にきわめて近い立場にいる二人に第三者委員を委嘱《いしょく》したこと自体に、この第三者委員会の目的が透けて見えるようでした。

はたして第三者委員会での二人の影響力は、他の委員たちを圧倒したようです。報告書の要約が掲載された日の朝日紙面には、各委員の個別意見も紹介されたのですが、六人の委員のうち、二人の主張にはとりわけ大きなスペースが割かれており、それがまた、言葉づかいは丁寧でも、ジャーナリズムの存在意義を実質的に否認しているとしか思えない内容だったのです。こんな具合でした。

岡本行雄委員「当委員会のヒアリングを含め、何人もの朝日社員から「角度をつける」という言葉を聞いた。「事実を伝えるだけでは報道にならない。朝日新聞としての方向性をつけて、初めて見出しがつく」と。事実だけでは記事にならないという認識に驚いた。（中略）「物事の価値と意味は自分が決める」という思いが強すぎないか」

北岡伸一委員「権力に対する監視は、メディアのもっとも重大な役割である。しかし権力は制約すればよいというものではない。権力の行使をがんじがらめにすれば、緊急事態における対応も不十分となる恐れがある。また政府をあまり批判すると、対立する他国を利して、国民が不利益を受けることもある。権力批判だけでは困るのである」

ジャーナリストは、ここで語られていることの額面程度は当然、自分たち自身の判断で日々、ルーティンワークとして行っているものです。ただ、こうした言葉が岡本・北岡両氏の立場から発せられた場合は、意味がまったく違ってくる。そんなことを百も承知で、ことさらに大きく扱った『朝日新聞』は、いわば「白旗」をあげたのだと、安倍政権が受けとめていなければよいのですが。

「大人の対応」というには、深刻すぎる顚末だと考えざるを得ませんでした。

歴史はくり返されるのか

一連の騒動にわたしが強い危惧を覚えるのは、当の朝日新聞社がかつて経験した、日本のジャーナリズム史に残る屈辱的な事件を想起させられてしまうからです。第1章でも少しだけ触れましたが、「白虹《はっこう》事件」といい、一九一八(大正七)年、大正デモクラシーを唱導していた『大阪朝日新聞』が政府の弾圧でとりつぶされる寸前まで追い詰められた事件です。

いわゆる「米騒動」が全国に拡大していた時期でした。ロシア革命に危機感を抱いた政府が、米英軍などとともに「チェコ軍救援」を名目としたシベリア出兵を決定し、これを控えて煽られた米価の高騰を契機に、大衆の不満が爆発したのです。いうなれば集団的自衛権の発動が発端だったわけですが、そこで時の寺内正毅内閣は米に関する報道を禁止。これに反発した大阪の新聞記者たちが一九一八年八月に関西新聞記者大会を開催し、内閣の責任を追及する決議を『大阪朝日新聞』が報道しました。その際、兵乱の兆しを意味する「白虹日を貫く」という中国の故事成語を見出しにしたところ、これが寺内政権の逆鱗《げきりん》に触れたというわけです。

記事を書いた大西利夫記者らは新聞紙法違反で起訴され、大阪地検が『朝日新聞』の発行禁止を求めました。前後して、村山龍平社長が暴漢に襲撃される事件も発生しました。

結局、『朝日新聞』は企業としての生き残りを図って、判決を前に村山社長が辞任。編集局長や、長谷川如是閑などの大物論説委員も相次いで退社して、朝刊の一面に「本紙の違反事件を報じ、併《あわ》せて本社の本領を宣明す」と題する長文の宣言を掲載しました。宣言には「我が社は宜《よろ》しく誠意を以て反省考究すべき者なりと思惟《しい》す」とあり、自ら「謝罪」を行ったのです。

また、『朝日新聞』全体に共通する「編集綱領」を開示するとして、四項目を挙げました。そのうちのひとつに「不偏不党の地に立ちて、公平無私の心を持し、正義人道に本きて、評論の穏健妥当、報道の確実敏速を期する事」とあります(朝日新聞社社史編修室『朝日新聞の九十年』朝日新聞社、一九六九年より)。「不偏不党」の文言が、日本の新聞の編集方針として明確に表されたのは、これが初めてだったとされています。

「不偏不党」——。これだけを聞けば結構なことにも思われますが、あの軍国主義の時代には、とどのつまり権力を批判しない姿勢へと回収されていくのは必然でした。戦時中の新聞の原型がここにあります。ほかの新聞も沈黙し、各紙はやがて突入していく戦争を、むしろ絶好のビジネス・チャンスととらえ、好戦的な記事で読者を煽っては、販路を拡大していったのです。

もうくどくどとは述べません。どうでしょう。目下の日本のジャーナリズムが置かれた状況が、「白虹事件」と重なって見えてこないでしょうか。

安倍政権のメディア・コントロールと「公平中立」の罠

二〇一二年一二月の第二次安倍政権誕生以来、首相は新聞社をはじめとするマスメディア各社の社長や論説委員らの編集幹部たちと、頻繁《ひんぱん》に会食を重ねています。かつては暗黙の了解で忌避されていた首相の一社単独インタビューも、近年は盛んにくり返されています。

このあたりの解釈は厄介で、いわゆる記者クラブ批判の文脈では、従来の談合・横並び体質がけしからん、と言われていたのですが、実際にこうなってみると、マスメディアが政権側のさじ加減次第で分断・選別されるのが日常的な光景になってしまいました。どの情報を、どの順番で、どのメディアに流させるか。日ごろから権力に近い新聞やテレビはもちろんのこと、一般にはそうでもないイメージの社までが、この輪に入れてもらえなくなることを恐れて、政権にすり寄りたがります。先に「朝日はまずまずがんばっているように見える」と書いたのは、業界全体がそのような流れにあるのにもかかわらず、ということです。

二〇一四年一二月に行われた衆議院の解散総選挙で、安倍政権は在京テレビ局各局に、「選挙時期における報道の公平中立ならびに公正の確保についてのお願い」という文書を手渡しています。そこには「街角インタビュー、資料映像等で一方的な意見に偏る、あるいは特定の政治的立場が強調されることのないよう、公平中立、公正を期していただきたいこと」などの文言が、箇条書きにされていました。直前に安倍首相が出演したTBSの報道番組「NEWS23」が、東京や大阪での安倍政権の経済政策についての街の声のVTR映像を流した際、批判的な意見が多かったことに、「意図的な編集がなされている」と腹を立てたことが原因だったと言われます。「お願い」と銘打たれてはいるものの、権力による放送への圧力以外の何物でもありませんでした。

そして情けないことに、テレビ各局は、本当に政権の指示どおりにふるまったのです。当事者たちの意識としては、街頭インタビューぐらいのことで面倒に巻き込まれるのを避けただけ、ということでしかないのかもしれないけれど、結果は圧力に屈したのとなにも変わりません。それだけが理由でないのはもちろんですが、総選挙は自民党の圧勝に終わりました。

ジャーナリズムにとっての「公平中立」や「不偏不党」は、本来、何者にもおもねらない姿勢を表す叫びでなくてはなりません。しかし一般には、意見の分かれる問題については両論併記か足して二で割るだけの情報伝達で済ませる態度こそが望ましいのだと勘違いする人も出てきます。ジャーナリズムは自らの判断を放棄して、権威に依存すべきだとでもいうふうに。権力者がしばしば口にしたがるのはそのためですが、マスメディアの側でもまた、自ら判断しなければ、責任を問われることもないというメリットを感じる人びとが後を絶たないようですね。

権力を利用するのか、権力に利用されるのか

メディア・コントロールに向けられた安倍政権の情熱は、とどまるところを知りません。二〇一四年一月にNHKの会長に就任した籾井《もみい》勝人《かつと》・元三井物産副社長は、就任早々の記者会見で「(領土問題について)政府が右と言っている者を左と言うわけにはいかない」とか、「(慰安婦問題について)どこの国にもあったことですよね。証拠があるかと言われたけども、逆に僕は、(他国の軍には)なかったという証拠がどこにあるんだと言いたい」と発言するなど、ジャーナリズムというものの意義も、そもそも放送法の理念も知らない人でした。この間も私用のゴルフに使ったハイヤー代をNHKに支払わせたり、いくつもの醜聞が伝えられているのですが、当初からよく各方面でささやかれていたとおり、首相官邸の強い意向で送りこまれた人物であったことが、もはや明らかになっています。

二〇一五年四月には、自民党の情報通信戦略調査会が、そのNHKとテレビ朝日の報道番組について両社幹部を呼び、異例の事情聴取を行いました。前者は一年前の一四年五月に放映された「クローズアップ現代」が多重債務に関する詐欺を取り上げた際、演出に「やらせ」があ

ったとされる一件。後者はその一カ月前に放映された「報道ステーション」で、元官僚のコメンテーターが「官邸の圧力で降板させられることになった」と発言していたことが問題視されたのです。本命は反安倍色が強いと言われるテレ朝で、NHKはカモフラージュだというのが業界内の定説ですが、どのような報道姿勢だろうが、しょせんは権力の胸先三寸で動かせるのだというイメージを見せつけるためのパフォーマンスだったという見方もできると思います。

二カ月後の六月には、安倍首相に近い自民党の若手議員らが党本部で開いた「文化芸術懇話会」の会合で、安全保障法制に同調しないマスメディアに対する報道統制を示唆する発言が飛び交いました。「マスコミを懲《こ》らしめるには、広告料収入がなくなるのが一番。日本を過《あやま》つ企業に広告料を支払うなんてとんでもないと、経団連などに働きかけてほしい」と言ったのは東京選出の大西英男衆院議員。「青年会議所理事長の時、マスコミを叩いたことがある。スポンサーにならないことが一番(マスコミは)こたえることがわかった」と続けたのは福岡選出の井上貴博衆院議員です。

ゲスト講師の作家・百田尚樹《ひゃくたなおき》氏に至っては、「沖縄の二つの新聞社は絶対つぶさなあかん」とまで話しました。『琉球新報』と『沖縄タイムス』のことを指していて、いずれも沖縄の米軍基地問題をめぐって、安倍政権に厳しい批判を重ねてきた地元紙です。百田氏はまた、「もともと普天間《ふてんま》基地（沖縄県宜野湾《ぎのわん》市）は田んぼの真ん中にあった。周りにはなにもなかった。基地の周りが商売になるということで、みんな住みだし、いまや街の真ん中に基地がある」とも言ったそうですが、これは、ためにする事実誤認です。戦前は現在の普天間基地の内側に五つの集落が存在していたのですが、沖縄戦で土地を強制的に接収され、戦後の人口増加で、基地の周辺に住まざるを得なくなった経緯があるのです。

政治権力がジャーナリズムや、そのスポンサー企業の経済活動に介入するなどという事態は、あってはならないことです。「公平中立」をタテに調査報道が制約され、権力批判が許されないメディア環境がもたらされてしまえば、民主主義社会は破滅します。

もっとも、この問題でいくら安倍政権を批判してみても無意味です。彼らは確信犯だし、メディア・コントロールは古今東西の権力が例外なく抱く野望だからです。阻止できるとすれば、方法はたったひとつ。マスメディアの側自身が、そこを舞台に競い合うジャーナリストひとりひとりが、絶対に屈しないことだけです。

首相と会食したければすればいい。ただしそれは、肩書のある人が呉越同舟で、ではなく、もともと深く食い込んでいる記者が独自に、かつ、権力の基盤を揺るがすような大ネタをつかんだ上で、その真贋を確かめる場合でなくてはなりません。いま、この国のジャーナリズムと権力の間には緊張関係がなさすぎ、互いに著しく劣化し合っているようです。

ジャーナリズムを育ててほしい

ジャーナリズムの精神をかなぐり捨てつつあるマスメディアの姿勢に、異をとなえている人たちもたくさんいます。先の慰安婦報道の問題で、朝日新聞社内から声を上げた記者が少なくありませんでした。弁護士たちを中心とするグループが、「吉田証言」をスクープした記者たちを不当に処分しないよう朝日新聞社に申し入れています。慰安婦報道にかかわった元朝日記者が退職後に就職した大学に脅迫電話やメールが殺到し、雇用の継続が危ぶまれた事態に抗議して、彼を支援するジャーナリストや知識人の活動なども広がっているところです。

ジャーナリズムの危機は、すなわち民主主義の危機です。一連の状況に臨んで、日本のジャーナリズムを改めて問い直そうという機運が高まっていることは疑いようもありません。ただ、そうした活動も重要ですが、いま、この時代に何よりも必要なのは、ジャーナリストひとりひとりが、日々の仕事で、目下の惨状に抗《あらが》い、隷従《れいじゅう》しないジャーナリズムを実践していくことに尽きる。わたしはそう考えています。

言うはたやすく、されど、孤独な道です。ですが、たとえひとりぽっちになってしまっても、なお権力におもねらない報道を、言論活動を、歯を食いしばってでも続けていく。場がなくなれば自分で作る。絶対に屈しない。そういう覚悟をもてる人なら、仕事のできる、できないは二の次、三の次で結構。ぜひ、わたしたちの仲間になってもらいたい。

もちろん、その人自身がジャーナリストそのものにならなくたっていい。真っ当なジャーナリズムを改めて育てたい、求めたいという方がいらしたら、どんな形でもよいので協力していただきたいと思います。

二〇一五年の夏、岐阜市で行われた障がい者団体の全国集会に、わたしは講師として招かれました。ここまで書いてきた内容も含む、日本の危機的状況について警鐘を打ち鳴らしてほしいという依頼だったのですが、講演の前に上演された、知的障がいや自閉症のある若者たちの劇団の芝居を鑑賞して、目の前を覆っていた闇が、さあっと開けたような気がしました。

彼らのセリフとBGMのなかに、こういうのがあったのです。

「わたしたちは、幸せになるために生まれてきたんだ!」

ジャーナリズムは、きっと、そのための力になれる。なれなければ、それはジャーナリズムではないのだと、わたしは思うのです。

おわりに

本書の執筆中に、学生時代の友人たちと集まる機会があった。わたしの著作をよく読んでくれている男が、こんなことを言ってきた。

「おまえ、一〇年ぐらい前、『朝日新聞』の「おやじのせなか」って欄に載ってたろ。シベリア帰りの鉄屑屋で、跡を継ぐか継がないかで悩んでたって。あれ、ホントか？　昔のおまえはとてもそんな苦労人には見えなかったぞ。ただのパッパラパーだったじゃないか」

そう言えば、本書の第2章で綴ったエピソードの一部を、新聞記者に問われるままにしゃべった覚えがある。実際、日頃のわたしはひたすら能天気で、ただ遊ぶためだけに生きているみたいな若者だったので、そう思われても当然だ。わたしはこう返した。

「俺自身が苦労したなんて誰が言ったよ。それに、その最中には自分が何に苦しんでるのかもよくわからなかった。ある程度年をとって、改めて整理してみたら、こういうことだったんじゃないかって話さ。歌にもあるだろ、♪青春時代の真ん中は　道に迷っているばかり～、な」

誰だって同じだと思う。若い読者の皆さんも、だから今、何をどうしたらよいのかわからずに、堂々巡りをしているとしても、性急に結論を出す必要などない。焦《あせ》ってよいことなどありはしないのだから。いずれ腹を据えて書くつもりだが、わたしには恥ずかしいことに、戦争に憧れていた時期があった。いや、正確には、戦争体験者に対する「羨望《せんぼう》」のような感情だ。

わたしの少年時代は、両親をはじめ、親戚も近所の人も学校の先生も、周りの大人たちはみんな戦争体験者だった。誰も彼もが戦火をくぐり抜け、凄《すさ》まじい半生を送って、そこにいた。それに比べて自分はどうだ。ぬるま湯にドップリ浸かって、のんべんだらりと毎日を過ごしているだけ。いっそのこと、また戦争が始まれば、俺もそれなりに苦労させられて、少しはしっかりした男になれるのでは……。

などという考えに、わたしはかなり長い間、浮かされ続けていたような気がする。戦後世代の男の子には――もしかしたら現代の若者にも――案外、共通する心理ではないか。だが、わたしは大学二年の頃、危篤《きとく》に陥った父の付き添いで病院に詰めながらだったか、当たり前すぎるほど当たり前の現実に、ふと思い至ったのである。

――この親父をはじめ、俺が接している大人はみんな、運よく生き延びることができた人たちだ。本当なら可愛がってくれたに違いない人たちの多くが、永遠に会えないままにされてしまっている。今まで、なんて浅薄な観念に憑《と》りつかれていたのだろう。自分は生き延びる組だと根拠もなく思い込んでいたこともどうかしているが、道徳的にも、倫理的にも、そもそも人間失格を告げられても仕方のない発想を、俺はしていたのではあるまいか。

ぬるま湯が嫌なら、自分が勝手に熱くなればいい。でなければ、これまた勝手に、もっと熱いお湯のあるところに移ればよいのだ——。

後にわたしが産業専門紙の記者から週刊誌記者、月刊誌編集者、再び週刊誌記者、そしてフリージャーナリストへと、「自分で人事異動」していこうと決めた、おそらくはこれが原点だった。まだしも早い段階で気が付いてよかったと思う。でなければわたしは今頃、戦争体験者へのコンプレックスをこじらせた挙げ句、安倍晋三政権が求めてやまぬ幼稚で軽々しい戦時体制の構築や、帝国主義的な国家ビジョンに同調してしまっていたかもしれないから。

悔やんでも悔やみきれないのは、大学まで進ませてもらっていながら、父の戦争体験をきちんと聞いておかなかったことである。断片的な話ではなく、たっぷり時間をかけて聞いていたら、間違っても「戦争になれば自分が成長できる」などという、およそ人として恥ずかしい短絡的な考えにとらわれる時期を通過しなくても済んだはずなのだ。

人に歴史あり、という。何も戦争体験に限らない。わたしたちはお互い、できるだけ多くの人の個人史に学んでいく必要があるのではないか。わたしは最も身近だった人生の師に、肝心要《かなめ》の話を聞きそびれた。戦場やシベリアが辛かったのはわかりきっていたから、こちらからは尋ねないのが親孝行だとも思っていた。父の背中からは大いに教わったつもりではあるけれど、だからいつまで経っても後悔している。

わたしが本書の大半を自分自身の体験談に割いたのは、以上のような思いと無関係ではない。つまらぬ男の愚劣な与太話でも、他人の体験に学ぼうとしている若者には、きっと何かの役に立つと信じる。できれば読者には、本書をきっかけに、ご両親でもご祖父母でもいい、お若かった頃の話、人生の岐路に立った時の話などを、じっくり聞いてみてほしいと思う。いつもは平凡な、もしかしたら物足りなく感じられていたような人たちが、実は、たとえばわたしなどよりはるかに濃密で、激しい日々を歩んできたことを知るだろう。

だがそうした、人それぞれにかけがえのない人生も、戦争が起こされればことごとく嘲笑され、いとも簡単に踏みにじられる。だから戦争は絶対にいけない。あなたがもしもそんなことを考えたとしたら、あなたはすでに、ジャーナリズムの入り口に立っているのである。

ジャーナリズムの現状および将来に対するわたしの危機意識は深刻だ。そのこと自体がテーマではない本書に盛り込むことができたのは、ごく一部にすぎない。第1章で触れた消費税の軽減税率適用を求める新聞業界の「オネダリ」の問題はよほど深く掘り下げていく必要があると考えるし、本書では言及しなかった巨額の名誉棄損訴訟(SLAPP=Strategic Lawsuit Against Public Participation 市民参加を排除するための戦略的な恫喝《どうかつ》訴訟)、このところ新聞や雑誌が本格的な導入を急いでいるネイティブ・アド(通常の記事などと同じ形式・体裁になっている広告のこと)等々、展開次第ではジャーナリズムの理念そのものが根底から否定されてしまいかねない奔流がある。アメリカの通信社や新聞社の一部では、コンピュータプログラムで記事を生成する「ロボット記者」さえ登場したと聞くが、それらについての議論は機会を改めると同時に、これからジャーナリストを志す人々にも委ねたい。

ネット社会におけるジャーナリズムという命題にはあえて触れずにおいた。本書で伝えるべきは「ジャーナリストという仕事」の本質に尽きると判断したためである。応用編は次世代の一人ひとりに描いていってもらいたい。

……いつの間にか、読者の多くがジャーナリスト志望でもあるかのような前提で書き進めてしまっている。本書の冒頭で、そんなんじゃない、人さまに勧めてよい仕事がどうかもわからないと書いておきながら。苦笑して反省——いや。この際だから書こう。

本書を読んで少しでもジャーナリストという職業に関心を抱いてくれた読者には、ぜひ、この世界に飛び込んできてもらいたい。目下の危機的状況にあって、多くの同業者が、もちろんわたしも必死の努力を重ねてはいるのだが、無力感にさいなまれる場面がしばしばだ。だから仲間が欲しい。一緒に危機的状況を打開して、あしたのジャーナリズムを築いていこう。

二〇一五年一一月一三日にフランスのパリおよび近郊のサン＝ドニで発生した同時多発テロ事件は、その後の世界情勢を大きく変化させつつある。詳細は割愛するが、従来の「国家対国家」の戦争とは異なる様相の第三次世界大戦に発展する恐れ、集団的自衛権の行使を認めた日本が参戦していく可能性もなしとしない。

岩波書店の田中宏幸さんとは、『ルポ 改憲潮流』(岩波新書)以来、一〇年ぶりの大仕事になった。きめ細やかな企画とサポートに心から感謝したい。自分には向いていなかったけど、やっぱり編集者の仕事もいいものだよなと、今さらながら思う。また校正や印刷、製本、販売など、本書に関わってくださったすべての方々、そして読者の皆さん、本当にありがとう！

二〇一五年一二月

斎藤貴男

斎藤貴男
1958年東京都生まれ．ジャーナリスト．早稲田大学商学部卒業．英国バーミンガム大学大学院修了(国際学MA)．『日本工業新聞』記者，『週刊文春』記者などを経て独立．著書に『機会不平等』(文春文庫)，『安心のファシズム』『ルポ 改憲潮流』(岩波新書)，『民意のつくられかた』(岩波現代文庫)，『安倍改憲政権の正体』(岩波ブックレット)，『戦争のできる国へ　安倍政権の正体』(朝日新書)，『ちゃんとわかる消費税』(河出書房新社)，『子宮頸がんワクチン事件』(集英社インターナショナル)など．2012年，『「東京電力」研究　排除の系譜』(講談社，現在は角川文庫)で，第3回「いける本」大賞受賞．

ジャーナリストという仕事　　岩波ジュニア新書 822

2016年1月20日　第1刷発行

著　者　斎藤貴男《さいとうたかお》

発行者　岡本　厚

発行所　株式会社 岩波書店
〒101-8002 東京都千代田区一ツ橋 2-5-5
案内 03-5210-4000　販売部 03-5210-4111
ジュニア新書編集部 03-5210-4065
http://www.iwanami.co.jp/

印刷製本・法令印刷　カバー・精興社

ISBN 978-4-00-500822-3　　Printed in Japan

岩波ジュニア新書の発足に際して

きみたち若い世代は人生の出発点に立っています。きみたちの未来は大きな可能性に満ち、陽春の日のようにひかり輝いています。勉学に体力づくりに、明るくはつらつとした日々を送っていることでしょう。

しかしながら、現代の社会は、また、さまざまな矛盾をはらんでいます。営々として築かれた人類の歴史のなかで、幾千億の先達《せんだつ》たちの英知と努力によって、未知が究明され、人類の進歩がもたらされ、大きく文化として蓄積されてきました。にもかかわらず現代は、核戦争による人類絶滅の危機、貧富の差をはじめとするさまざまな人間的不平等、社会と科学の発展が一方においてもたらした環境の破壊、エネルギーや食糧問題の不安等々、来るべき二十一世紀を前にして、解決を迫られているたくさんの大きな課題がひしめいています。現実の世界はきわめて厳しく、人類の平和と発展のためには、きみたちの新しい英知と真摯《しんし》な努力が切実に必要とされています。

きみたちの前途には、こうした人類の明日の運命が託されています。ですから、たとえば現在の学校で生じているささいな「学力」の差、あるいは家庭環境などによる条件の違いにとらわれて、自分の将来を見限ったりはしないでほしいと思います。個々人の能力とか才能は、いつどこで開花するか計り知れないものがありますし、努力と鍛練の積み重ねの上にこそ切り開かれるものですから、簡単に可能性を放棄したり、容易に「現実」と妥協したりすることのないようにと願っています。

わたしたちは、これから人生を歩むきみたちが、生きることのほんとうの意味を問い、大きく明日をひらくことを心から期待して、ここに新たに岩波ジュニア新書を創刊します。現実に立ち向かうために必要とする知性、豊かな感性と想像力を、きみたちが自らのなかに育てるのに役立ててもらえるよう、すぐれた執筆者による適切な話題を、豊富な写真や挿絵とともに書き下ろしで提供します。若い世代の良き話し相手として、このシリーズを注目してください。わたしたちもまた、きみたちの明日に刮目《かつもく》しています。(一九七九年六月)